KNAUR⬤

Im Knaur Taschenbuch Verlag sind bereits
folgende Bücher der Autorin erschienen:
Bratkartoffeln für Tina Turner. Meine wilden Jahre als Backstage-Köchin
Schatz, muss das sein? Die wunderbare Welt der Paare

Über die Autorin:
Brenda Stumpf, geboren 1960, schreibt unter dem Pseudonym »Auerbach & Keller« eine populäre Krimireihe. Sie lebt an der Nordseeküste und pendelt in ihrer Freizeit zwischen ihrer Wohnung und ihrem Schrebergarten.

Brenda Stumpf

Das erotische Potential meines Kleingärtnervereins

Vom Angraben und Umgraben

Besuchen Sie uns im Internet:
www.knaur.de

Originalausgabe Juni 2013
Knaur Taschenbuch
© 2013 Knaur Taschenbuch
Ein Unternehmen der Droemerschen Verlagsanstalt
Th. Knaur Nachf. GmbH & Co. KG, München
Umschlaggestaltung: ZERO Werbeagentur, München
Umschlagabbildung: plainpicture / Ute Mans
Lektorat: Claudia Schlottmann
Satz: Adobe InDesign im Verlag
Druck und Bindung: CPI – Clausen & Bosse, Leck
Printed in Germany
ISBN 978-3-426-78554-6

2   4   5   3   1

Für Pum
Danke für Inspiration und Unterstützung

Inhalt

Kapitel 1

Ich? Ein Schrebergarten? Niemals!

oder
Was interessiert mich mein Geschwätz von gestern

W as hältst du von einem Schrebergarten?«, fragte meine Mutter eines Tages, als wir zu einem kleinen Kaffeeklatsch auf meinem Balkon saßen. Sie deutete auf die verschwenderische Blütenfülle um uns herum, die aus Kästen und Töpfen quoll. »Du magst doch Blumen. Außerdem sitzt du so viel am Schreibtisch, da wäre das bestimmt ein schöner Ausgleich.«
Ach ja?
»Hm«, sagte ich.

»Hm« ist meine Standardantwort, wenn ich mich nicht festlegen, nicht übereilt irgendwelche Verpflichtungen eingehen will, die mir dann irgendwann lästig werden könnten. Einen Balkon von vier Quadratmetern Größe zu begrünen ist eine Sache, aber einen Schrebergarten zu pachten eine völlig andere.
Es hörte sich nach viel Arbeit an, *Gartenarbeit,* und das klang eindeutig lästig.
Außerdem: Woran denke ich zuerst beim Stichwort Schrebergarten? Vorschriften, Satzungen und dann noch mal ein paar Vorschriften obendrauf. Geharkte Wege, Kontrolle

durch den Vorstand, Rasen auf vier Millimeter, akkurate Beete.

Und, ach ja, nicht zu vergessen: Vorschriften.

Einige Monate zuvor hatte ich für ein paar herbstliche Wochen bei meiner Mutter gewohnt. Das war die Übergangsphase zwischen alter Wohnung im großstädtischen Ruhrgebiet und neuer Wohnung an der Nordseeküste. Meine Mutter hat einen großen Garten.

Mit vielen Bäumen.

Und vielen Blumen.

Und einem Teich.

Und es gab ständig etwas zu tun in diesem Garten mit den vielen Blumen, den vielen Bäumen und dem Teich.

»Kannst du mal eben kurz helfen, die Blätter zusammenzuharken?«, fragte sie.

Ich schrieb gerade an einem Roman.

»Geht das auch später? Ich würde gern das Kapitel …«

Sie runzelte die Stirn. »Du kannst doch gleich weitermachen. Nur eben kurz die paar Blätter.«

Ich seufzte und ergab mich. Wenn ich anfange, ihr zu erklären, warum ich die kreative Tätigkeit des Roman-Schreibens nicht mal kurz unterbrechen und dann später einfach wieder einsteigen kann, bin ich sowieso raus.

Dann kann ich auch gleich Blätter harken, und die liebe Mami freut sich.

»Mal eben kurz« ist natürlich die frechste aller Lügen. Im Garten ist nichts, aber auch gar nichts »mal eben kurz«. Ich harkte und harkte und harkte und war ungeheuer genervt. Und am nächsten Tag ging es wieder von vorne los, weil der blöde Nordseewind nicht mit dem Wehen aufhört, nur weil ich gerade einen Roman schreibe und eigentlich keine Zeit zum Harken habe.

Außerdem musste ständig irgendwelches Zeugs aus dem Teich gefischt, der Rasen gemäht, mussten Rasenkanten beschnitten, verblühte Blumen abgeknipst oder Äpfel gepflückt werden.

»Eines weiß ich jetzt mit Sicherheit«, verkündete ich eines Tages, nachdem ich zum x-ten Mal Blätter zusammengerecht hatte, »ich schaffe mir niemals einen Garten an.«
Wenn ich auch in meiner damaligen Lebenssituation nichts sicher wusste – das zumindest stand felsenfest.
Ein Garten?
Nur über meine Leiche.

Ich fand eine schöne Wohnung mit einem noch schöneren Balkon, den ich im Frühjahr bepflanzte und mit meinen beiden Katzen teilte. Die Wochen gingen ins Land. Der erwähnte Kaffeeklatsch fand statt, mitsamt der verhängnisvollen Frage meiner Mutter. Irgendwann ertappte ich mich dabei, dass ich bei meiner täglichen Zeitungslektüre wie zufällig die Anzeigen studierte, in denen Schrebergärten angeboten wurden.
Offiziell ignorierte ich das Thema noch immer standhaft. Schrebergarten, das hieß für mich nun mal: zu große Verpflichtung, zu viele Regeln, zu viele Vorschriften, zu viele zu nahe Nachbarn. Auf nichts hatte ich weniger Lust, als auf

dem Präsentierteller zu hocken und von völlig fremden Menschen, die zufällig die Parzelle nebenan gepachtet hatten, über den Zaun vollgelabert zu werden.

Ich möchte mir aussuchen, mit wem ich rede – und vor allem selbst entscheiden, *wann* ich es tue.

Hatte ich die Vorschriften schon erwähnt?

Eines sonnigen Sonntags im August habe ich dann plötzlich einen Termin mit jemandem, der seine Parzelle loswerden will. Keine Ahnung, wie das passiert ist. Ich muss einen Moment lang geistig umnachtet gewesen sein.

Ich fahre zu einer der vielen Kolonien unserer Stadt, parke den Wagen und mäandere dann zu Fuß durch ein Labyrinth schmaler Wege. Ich komme mir vor wie eine virtuelle Figur in einem Pacman-Computerspiel, nur dass ich nicht alle paar Meter Kraftpillen oder Kirschen verschlingen muss und auch nicht von Gespenstern verfolgt werde.

Rechts und links Zäunchen und hüfthohe Heckchen, die freien – allzu freien! – Einblick in die Parzellen gewähren. Kastanienweg, Ahornweg, Birkenweg, dann rechts in den Lindenweg … In den Gärten werkeln die Besitzer, knien in ihren Beeten, graben, harken, schneiden, ernten, hegen und pflegen. Definitiv sind mehr Hintern als Gesichter zu sehen. Wenn ein Gesicht sich mir zuwendet, grüße ich und werde freundlich zurückgegrüßt. Flaggen flattern lustig an hohen Masten, die Flügel zahlloser Miniwindmühlen drehen sich, Gartenzwerge grinsen mich an.

Nach einem längeren Marsch und ungefähr dreihundert Mal »Moin!« stehe ich endlich vor der inserierten Parzelle. Auf dem Grundstück prunkt ein Steinhäuschen, das nur aus Giebel besteht – mit einem außen angeklatschten, windschiefen Bretterverschlag, der sich als Toilette entpuppt. Eigentlich müsste ich »Toilette« schreiben, aber ich will mal nicht so sein.

Das Grundstück ist durch niedrige Buchsbaumhecken streng in kleine, enge Bereiche unterteilt. Aus der Luft sieht es vermutlich aus wie ein Setzkasten. Außerdem stehen überall affektierte, akkurat beschnittene Buchskugeln herum, ohne nachvollziehbares Konzept in die Beete gepflanzt. Es gibt ein Gewächshaus, penibel in Reihe gesetzte Obststräucher und einen Kartoffelacker.

Der Garten löst in mir – außer Langeweile – kein Gefühl aus. Am liebsten würde ich mich wieder vom Acker (!) machen, aber ich habe ja einen Termin. Ich stelle mir vor, wie es sein würde, jede Flasche Mineralwasser, jede Pflanze, jeden Pflasterstein, jeden Sack Erde (und mich!) vom Parkplatz über die gefühlten vier Kilometer bis hierhin zu schleppen. In diesen hässlichen, seelenlosen Garten mit den doofen Buchsbaumkugeln, den ich sowieso nicht haben will.

Auftritt Gartenbesitzer: italienische Slipper, Goldkette, schickes Sakko. Er steht breitbeinig auf dem Rasen, lässt seinen Autoschlüssel um den Zeigefinger kreisen und preist sein Juwel im Grünen in den höchsten Tönen, als hätte er den Garten Eden oder irgendein Weltwunder anzubieten. Die »Hängenden Gärten der Semiramis«, aber mindestens.

Ich: »Warum möchten Sie die Parzelle denn abgeben?«

Er erzählt, dass er für sich, Frau und Kinder ein Haus gekauft hat, mit Garten dran, und deshalb …

Ich: »Was wollen Sie denn an Abstand haben?«

Er: »Fünftausend.«

Du spinnst wohl, denke ich. Für diesen Alptraum von Garten? Es mag sicherlich Menschen geben, denen das hier gefällt, aber ich gehöre nicht dazu.

Ich: »Habe ich nicht. Viel zu viel.«

Er sieht mich an, überlegt, lässt den Schlüssel kreisen. Dann: »Wie viel haben Sie denn?«

Ich: »Zweitausend ist die Schmerzgrenze. Kein weiterer Verhandlungsspielraum.«

Damit sollten die Verhandlungen ja wohl beendet sein, hoffe ich, und ich kann den geordneten Rückzug antreten, ohne sein Lebenswerk beleidigen zu müssen.

Aber ich habe mich getäuscht.

Hätte ich auch nur im Entferntesten geahnt, was als Nächstes kommt, hätte ich meine höfliche Zurückhaltung direkt sausen lassen, ihm für seine absurde Preisvorstellung einmal kräftig ins Gesicht gelacht und wäre ohne ein weiteres Wort wegstolziert. Aber nein, ich möchte ihn ja unbedingt sein Gesicht wahren lassen …

Er mustert mich abschätzend, dann: »Wenn wir uns mal ab und zu zum Kaffee oder so treffen, dann könnte ich mir vorstellen, über den Preis noch einmal nachzudenken.«

Ich glaube an eine akustische Halluzination. »Bitte?«

Er: »Na ja, es gibt ja andere Möglichkeiten …«

Ich sitze längst in meinem Auto und brettere mit quietschenden Reifen vom Parkplatz, als der Schmierlapp vermutlich immer noch an seinem unappetitlichen Vorschlag herumformuliert und sich wundert, warum ich ihm nicht vor Glück um den Hals gefallen bin. Nur nebenbei: Mich würde interessieren, was seine Gattin von dem Angebot hält.

Eine Woche später: Andere Kolonie, ein freundlicher Herr vom Vorstand führt mich herum. Es gibt einige Parzellen im Angebot, aber von keiner fühle ich mich so richtig angesprochen. Der Alptraum schlechthin ist ein großes Grundstück, das gegenüber vom Vereinsheim an einer Hauptwegkreuzung liegt. Freier Einblick von allen Seiten, kniehohes Zäunchen, kaum Bewuchs. An einer Kreuzung, die wahrscheinlich während der Saison in puncto Trubel mühelos mit dem New Yorker Times Square oder dem berüchtigten Ballermann 6 mithalten kann. Bestimmt geht es auf diesen Wegen im Sommer zu wie auf einem Volksfest, zumal Schrebergartenkolonien laut Satzung ausdrücklich auch als Naherholungsgebiete gelten, in denen Spaziergänger lustwandeln und sich an den Gärten erfreuen sollen. Und am Anblick derer, die sich in den Gärten aufhalten. Vor meinem geistigen Auge sehe ich Menschenmassen, die in Doppeldeckerbussen anreisen, an meinem Garten entlangflanieren und mir auf den Kuchenteller glotzen. Ohne mich.
Ich lehne freundlich ab.
Der Große Vorsitzende versteht kein Wort, denn anscheinend gilt genau diese Parzelle als absolutes Sahneschnittchen. Ich verkneife mir, ihm zu erklären, dass ich mir dort vorkäme wie auf einem dieser Drehteller in Peepshows, auf denen sich spreizbeinige Damen den zahlenden Gästen präsentieren. Stattdessen formuliere ich möglichst diplomatisch, dass ich mir eigentlich etwas in ruhigerer Lage vorgestellt habe.

Der Rundgang geht weiter, bis wir schließlich bei einer ziemlich abgelegenen, völlig verwahrlosten Parzelle landen, für die man einen Bulldozer, einen zehnköpfigen Gartenbautrupp und einen schweren Bagger bräuchte, um als erste Maßnahme alles zu roden und dann bei null anzufangen. Ein großer Schutthaufen markiert die Stelle, an der wohl mal ein Häuschen gestanden hat.

Kurz überlege ich, ob gerade in irgendeinem Fernsehsender ein Format läuft, bei dem man sich mit so einem Trümmerfeld bewerben kann, und dann rückt eine Gartenfee samt Kolonne an und macht den Garten schön …? Zwar müsste ich dann zum Finale eine völlig bekloppte Brille aufsetzen, die statt Gläsern zwei Sonnenblumen hat, und zwanzig Mal kreischende Begeisterung heucheln, weil die Aufnahmen ständig durch Spaziergänger / Nachbarn / Hunde gestört würden und wiederholt werden müssten. Immer wieder. Und natürlich würde ich in Wirklichkeit hässlich finden, was die gemacht haben, aber ich könnte ja alles, was mir nicht gefällt, wieder rausreißen …

Während ich vergeblich versuche, die Chancen hochzurechnen, die meine Bewerbung bei einem derartigen Format haben könnte, fällt mein Blick über den Zaun auf das nur leicht verwilderte Nachbargrundstück.

Ich: »Was ist denn damit?«

Er: »Der gehört Kurt. Er will ihn wohl abgeben, hat aber konkret noch nichts unternommen.«

Ich: »Darf ich ihn mir mal ansehen?«

Ich darf.

Ich klettere über den Zaun, und es ist Liebe auf den ersten Blick.

Ich stehe in einer großen, dreieckigen (!) Parzelle. Es gibt Rasen, eine große Holzhütte nebst Geräteschuppen, rundherum hohe Büsche und Beete, um die sich offenbar schon seit einiger Zeit niemand mehr gekümmert hat. Keine hüfthohen Heckchen, die das Grundstück in kleine Stücke zerhacken, so dass man sich kaum noch bewegen kann. Kein Gemüseacker, der vorschreibt, wo ich meine Kartoffeln zu pflanzen habe.

Und vor allem: Kein Spaziergänger kann in den Garten starren, da an keiner der Grundstücksgrenzen ein Weg entlangführt.

Der Eingang, ein schmiedeeisernes Tor, das großzügig von einer gigantischen Kletterrose umrankt wird, befindet sich an der Spitze des Dreiecks. Direkt dahinter üppig wuchernde Sträucher und Bäume, so dass man den Garten wie durch einen grünen Tunnel betritt. An die linke Seite der Parzelle grenzt ein breiter Graben, und dahinter ist eine riesige Weide, die als Landschaftsschutzgebiet ausgewiesen ist und auf der wunderschöne mokkabraune, sanftäugige Kühe und Kälber stehen.

Rekapitulieren wir: Auf einer Seite Kühe, auf der anderen Seite eine Parzelle, die niemand pachten wird, der noch einigermaßen bei Verstand ist. Und ganz hinten die Rückseiten zweier anderer Parzellen, durch hohe Hecken vollkommen blickdicht abgeschirmt.

Ich laufe über den Rasen und lasse die Atmosphäre auf mich wirken. Vögel zwitschern, in den verwilderten Beeten blüht es kunterbunt durcheinander, Bienen und Schmetterlinge schwirren umher. Es gibt zwei gepflasterte Flächen, und für mich steht fest: Liegestuhl hinstellen, Grill anwerfen – fertig!

Ganz so simpel wird es natürlich nicht werden.
Selbst mir ist klar, dass diese charmante kleine Wildnis eine ordnende Hand braucht, denn man tut Bäumen, Büschen und Beeten bekanntlich keinen Gefallen damit, sie wild wuchern zu lassen.
Aber bei aller Arbeit, die auf mich wartet, ist mir ein großes Geschenk in den Schoß gefallen: eine Oase, die ich ganz frei nach meinen eigenen Vorstellungen gestalten kann. So bunt und individuell und ausgeflippt, wie ich es will.
Na ja, ein paar Vorschriften gibt es schon, wenn man Mitglied eines Kleingärtnervereins wird, aber ich habe ja auch nichts dagegen, eigene Tomaten oder Erdbeeren zu ernten und wieder zu erfahren, dass sie nicht nach Wasser schmecken, so wie die Ware aus dem Supermarkt.

Plötzlich erscheint mir dieses hübsche Fleckchen Erde als die Erfüllung eines Traums, von dem ich bisher nicht wusste, dass ich ihn habe.
Ich kann mich dort von endlosen Stunden am Schreibtisch erholen, und ich habe viel Bewegung, wenn ich mal wieder steif vom Sitzen bin.
Ich kann Blumen pflanzen und ihnen beim Wachsen und Blühen zusehen.
Ich kann mir ein kleines Paradies erschaffen, in das ich nur Menschen einlade, die ich mag.

Ich kann an warmen Sommerabenden dort sitzen und die Sonne versinken sehen.

Mein Entschluss steht fest: Ich will diesen Garten haben. Diesen und keinen anderen.
Unbedingt.

Kapitel 2

Das Abenteuer beginnt

oder
George Clooney ist ein Laubenpieper

Der kleine Haken an der Sache ist, dass das Objekt meiner Begierde leider nicht auf der Liste der zu verpachtenden Parzellen steht. Aber zwei Telefonate später habe ich einen Termin mit dem Besitzer, und die Einigung ist schnell erzielt.

Kurt ist über achtzig und nicht mehr gut zu Fuß, und seit dem Tod seiner Frau fünf Jahre zuvor hat er die Lust am gemeinsamen Garten verloren.

Er überlässt mir sämtliche Sonnenschirme, Gartenmöbel und -geräte, außerdem die Möbel im Holzhaus inklusive Küchenzeile samt Kühlschrank, für insgesamt sechshundert Euro Abstand. (Ha! So viel zu fünftausend Euro, Schmierlapp!) Alles ist von ausgezeichneter Qualität – Kurt hat eindeutig keinen Schrott gekauft. In der kleinen Küche gibt es Besteck, Geschirr und Töpfe, außerdem mehr Wein- und Sektgläser, als in meinem heimischen Küchenschrank stehen. Die Innentoilette ist ohne Fehl und Tadel, die weißen Korbmöbel im Wohnzimmer sind gemütlich und ganz nach meinem Geschmack.

Wir stehen in seinem Garten, und ich merke Kurt an, dass ihm der Abschied schwerfällt. Kein Wunder, bestimmt hat er viele schöne Erinnerungen daran. Ich versichere ihm, dass ich sein Lebenswerk mit Respekt behandeln werde, und wir besiegeln das mit einem Handschlag unter Gärtnern.

»Ist ja der Wahnsinn«, sagt meine Freundin Anke, als ich ihr den Garten zeige. »Wieso hast du mir nichts von deinen Plänen erzählt? Wir hätten doch zusammen suchen können!«
Ich weihe sie aus gutem Grund erst in mein Geheimnis ein, als bereits alles unter Dach und Fach ist, denn ich kenne mich und will mich nicht zum Horst machen – Sie wissen schon: Große Töne spucken von wegen Schrebergarten pachten, und dann wird nix draus. Das wäre mir dann doch peinlich …
Ich kenne Anke von einem Zufallsplausch am Ententeich im Stadtpark – und wie das dann so geht, man entdeckt Gemeinsamkeiten, und plötzlich ist man befreundet. Wir sind ungefähr gleichen Alters, und sie ist mit einem von der Marine verheiratet, der immer monatelang auf See ist. Passt also wunderbar.
Ich verrate ihr nicht, wohin es geht, als ich sie abhole. Vor den Toren der Stadt biege ich in eine sehr schmale, asphaltierte Straße ein, die durch ein Landschaftsschutzgebiet führt. Mittendrin liegt die Schrebergartenkolonie, deren Parzellen durch hohe Hecken zur Straße hin abgegrenzt sind. Das Kleingartengelände endet auf der rechten Seite an einer riesigen Kuhweide, gegenüber befindet sich ein großer Parkplatz. Dort stelle ich den Wagen ab, und wir steigen aus.
»Komm mit«, sage ich, als sie mich fragend ansieht.
Wir verlassen den Parkplatz, überqueren die Straße und gehen über ein paar Quadratmeter Rasenfläche auf dichtes Buschwerk zu. Erst als wir direkt davorstehen, ist das hohe,

dunkelgrünlackierte, von einer Heckenrose umrankte Tor zu erkennen. Ich öffne das Vorhängeschloss, drücke das Tor auf und bitte Anke mit großer Geste hinein.

Mit leuchtenden Augen läuft sie durch den Garten und lässt sich alles von mir zeigen. Sie ist genauso begeistert, wie ich es auf Anhieb war.

Langsam, Stück für Stück, erforschen wir an diesem Nachmittag gemeinsam den Garten und entdecken Lilien, Rosenbüsche, eine Pfingstrose, Sommerflieder, Hortensien, außerdem Unmengen Pflanzen, deren Namen ich nicht kenne. Noch nicht.

»Wie findet man denn so ein Paradies?«, fragt Anke mich irgendwann staunend. »Keine Nachbarn – unglaublich!«

Wir holen zwei Gartenstühle aus der Hütte und setzen uns damit mitten auf den Rasen. Ich erzähle ihr von meiner Suche und wie ich per Zufall auf die Parzelle gestoßen bin.

»Du hast einiges an Arbeit vor dir«, sagt sie, »aber es wird Spaß machen. Ich beneide dich, ich habe immer gern im Garten …« Sie unterbricht sich und fährt fort: »Sag mal, würdest du mir einen Schlüssel geben? Ich würde so gern …«

Ich weiß, was sie so gern würde.

Ihr Mann und sie sind vor einiger Zeit aus ihrem Häuschen in eine große Wohnung mit traumhaftem Blick aufs Wasser, aber ohne Garten umgezogen. Sie vermisst die Gartenarbeit.

»Klar. Mit Freuden sogar. Ich hab doch von nichts eine Ahnung!«

Natürlich ist im August, als ich die Parzelle übernehme, die Gartensaison so gut wie vorbei. Während ich – selbstverständlich! – dafür plädiere, alles so zu lassen, wie es ist, und ab kommendem Frühjahr erst richtig aktiv zu werden, schüttelt Anke streng den Kopf, macht »Tss – typisch!« und erklärt mir, wie fahrlässig es wäre, den Garten noch einen Winter sich selbst zu überlassen. »Wenn du schlau bist, fängst du sofort an und bereitest damit den eigentlichen Aufbau im nächsten Jahr vor.«

Ich glaube ihr – auch wenn die Aussicht mich nicht gerade mit Begeisterung erfüllt. Ich will ehrlich sein: Es erleichtert mich, dass Anke mich an die Hand nimmt. Ihr Enthusiasmus ist genau das, was ich brauche, um nicht sofort die Flinte ins Korn zu werfen – oder besser: den Spaten ins Beet. Von Stund an ist der Garten unser gemeinsames Projekt.

Als erste Aktion putzen wir ein paar Tage später das Holzhäuschen und freuen uns über den Luxus, den es bietet: zum Beispiel die komplett ausgestattete Küchenzeile, deren rustikaler Stil eigentlich nicht meinem Geschmack entspricht – aber das ist wirklich Nörgelei auf höchstem Niveau. Wir waschen die weißen Korbmöbel ab und schmücken sie mit schönen Kissen. Die weißen Gardinen werden durch farbige ersetzt, die Siebziger-Jahre-Lampe durch einen kleinen Kronleuchter. Wir diskutieren sogar ernsthaft über eine Blümchentapete: Schöner Wohnen im Schrebergarten.
Aber warum eigentlich nicht?
Denn eines steht von vornherein fest: Alles soll unserem Geschmack entsprechen und liebevoll ausgesucht sein, damit wir uns dort hundertprozentig wohl fühlen.
Die Gartenmöbel stellen wir hinaus auf den gepflasterten Sitzplatz rechts neben der Hütte, spannen den großen Sonnenschirm auf und fangen an, Pläne zu schmieden.

Wir stürmen die Stadtbücherei und schleppen an Gartenbüchern heraus, was wir nur tragen können. Nicht, dass wir keine eigenen Ideen hätten, aber ein wenig Inspiration kann nicht schaden. Schnell erkennen wir, was zwingend unser erstes Projekt sein wird: ein überdachter Sitzplatz direkt vor der Hütte, besser gesagt ein großes Vordach, das sowohl vor Regen als auch vor der Sonne schützen soll, denn die knallt uns – dagegen kann kein Sonnenschirm etwas ausrichten – nahezu ungebremst aufs Haupt.

(Das mit der Überdachung bleibt dann doch noch lange im Planungsstadium hängen, weil zuerst tausend andere Ideen verwirklicht werden müssen …)

Aber noch gehört der Garten offiziell nicht mir, obwohl Kurt und ich uns längst einig sind. Bevor ich den Pachtvertrag bekomme, muss es einen Begehungstermin mit einem geheimnisvollen Komitee geben. Da die Komiteemitglieder zur normal arbeitenden Bevölkerung gehören, gestaltet sich die Terminsuche nicht ganz unkompliziert.

Der Garten gehört also im Moment noch Hans, einem allgegenwärtigen, zutraulichen Amselmann, mit dem wir uns angefreundet haben, unzähligen Meisen, Milliarden Hummeln und Schmetterlingen, dem Kleingärtnerverein und – nicht zu vergessen! – dem Wespenvölkchen, das im Geräteschuppen in etwas wohnt, das wie eine kleine Ballonlampe aus Reispapier aussieht.

Zuerst sind Anke und ich wegen der Wespen ziemlich erschrocken. Sie fliegen durch ein kleines Loch in der Schuppentür hinein und hinaus – und lassen sich von uns nicht weiter stören, wie wir rasch feststellen. Trotzdem ist uns mulmig zumute. Sollen wir versuchen, sie loszuwerden? Und wenn ja – wie macht man das?

Das Internet bietet in diversen Gartenforen etliche Lösungen für dieses Problem an, von denen mir keine einzige gefällt. Ich soll mich tatsächlich mit einem großen Müllsack unter das Nest stellen, mit einem Baseballschläger dagegenkloppen, dann hoffen, dass das Ding mit einem Schlag von der Decke und genau in den Sack fällt, den ich dann noch schnell genug zubinden muss, um von den aufgebrachten Wespen nicht zu Tode gestochen zu werden?

Entschuldigung?

Habe ich das richtig verstanden?

Weder Anke noch ich gehören zu den Leuten, die beim Anblick einer Wespe kreischend aufspringen, wild um sich schlagen (möglichst noch mit einer zusammengerollten Zeitung) oder gar den Kardinalfehler begehen, ein vor dem Gesicht herumschwirrendes Tier anzupusten. Mächtig großer Fehler! Denn merke: Unsere Atemluft enthält CO_2, und diese Zusammensetzung entspricht zufällig genau dem Klima, das bei Rot-Alarm im Wespennest entsteht.

Das nenne ich mal einen ironischen kleinen Streich von Mutter Natur!

Wir entscheiden uns, die Tiere zu ignorieren. Wir sitzen einfach still, bis es sie langweilt, wie kleine, gestreifte Satelliten laut summend unsere Köpfe zu umkreisen, und sie sich zur honigduftenden Goldrutenstaude trollen. Wir hoffen, dass sie im Winter ausziehen und wir dann das Nest entfernen können. Bis dahin schließen wir einen Nichtangriffspakt.

(Eines Tages im Herbst sind die Wespen plötzlich verschwunden. Wieder ein paar Tage später kommt das Nest von der Decke und zerfällt zu Staub – wie ein Vampir, der ins Sonnenlicht geraten ist.)

Anfang September ist es endlich so weit: Die Begehung findet statt. Es ist ein stürmischer Tag, und die Wolken rasen über den Himmel wie Rennwagen, die um die Poleposition kämpfen. Der Saum meines Parkas flattert mir um die Ohren. Anke und ich sind ein bisschen aufgeregt, während wir auf die Abordnung des Vereins warten. Der Wind zerrt mir beinahe die Haare vom Kopf, und Büsche und hohe Stauden wiegen sich im Sturm dramatisch von links nach rechts.

Pünktlich um fünf, wie verabredet, kommen drei Männer mit Klemmbrettern durch das Gartentor.
Der erste geht mit langen Schritten über den gepflasterten Weg und zählt dabei laut: »Eins, zwei, drei, vier, fünf – Moin, die Damen – sechs, sieben …«
Aha, er kontrolliert die gepflasterte Gesamtfläche, die nicht zu groß sein darf – wie groß, hängt von der Größe der Parzelle ab, wie ich auf der Website des Vereins erfahren konnte. Vor dem Häuschen bleibt er stehen und notiert sich etwas. Dann schreitet er die beiden gepflasterten Terrassen ab. Wieder Notizen. Ich bekämpfe den Drang, an meinen Fingernägeln zu kauen. Was, wenn Kurt zu viel Pflaster im Garten hat? Was, wenn ich das jetzt rausreißen muss, weil man bei Kurt zwar beide Augen zugedrückt hat, aber jetzt, bei mir als neuer Pächterin …
Außerdem dabei: der Wasserbeauftragte, der uns den Brun-

nen zeigt und wie und wo alles an- und abgestellt werden kann. Wir erfahren, dass von Ende November bis Mitte März das Wasser in der Kolonie komplett abgedreht wird, damit über den Winter keine Rohre zufrieren können. Aha.

Ach so, und dann gibt es natürlich auch noch den Blumenmann. Bei seinem Anblick verstumme ich kurzzeitig und ärgere mich spontan, mich nicht ein bisschen aufgebrezelt zu haben. Aber wer hätte denn ahnen können, dass eine derartige Sahneschnitte hier auftaucht? Andererseits: Bei dem Wind hätte keine noch so schön hingezwirbelte Frisur länger als drei Millisekunden gehalten. Aber vielleicht steht er ja sowieso mehr auf den natürlichen Typ? Die Frau im Parka? Die mit den völlig zerzausten Haaren? Blitzartig relativiere ich meine Vorurteile gegenüber Schrebergärtnern und besonders denen, die sich im Verein engagieren, zumal wenn sie – wie in diesem Fall – optisch nicht allzu weit von George Clooney entfernt sind und (soweit ich erkennen kann) keinen Ehering tragen. Der Blumenmann – braun gebrannt, graumelierte Haare, schwarzes T-Shirt, zerschlissene Jeans (von der Arbeit zerschlissen, nicht vom Designer!) – marschiert mit einem Klemmbrett den Garten ab und schreibt die Pflanzen auf.

Ich schüttle meine Clooney-Starre ab, wetze zu ihm, schaue ihm über die Schulter und lese: *1 große Staude Sonnenbraut (ca. 2 m), 1 große Staude Goldrute (ca. 2 m), 1 Sommerflieder, 1 Haselnussstrauch, 3 x Sonnenhut (rot), 2 x Sonnenhut (weiß)* ...

»Äh, Moment«, sage ich, »die habe ich gepflanzt!«

Ich verschweige vornehm, dass es in Wirklichkeit natürlich

Anke war. Will ich vor diesem Mann wie ein Faulpelz dastehen? Auf keinen Fall. Viel lieber möchte ich mit ihm lange Fachgespräche über das Beschneiden von frühblühenden Gehölzen oder die besten Rhizomwurzelsperren führen ...

»Ah«, sagt er gedehnt und zieht die Stirn in dekorative Clooney-Querfalten. »Du hast hier schon gearbeitet?« (Hatte ich erwähnt, dass man sich unter Laubenpiepern grundsätzlich duzt?)

Ich nicke. »Kurt hat mir den Garten schon überlassen.«

Der Blumenmann grinst. »Ganz schön mutig. Und wenn der Vorstand sich gegen dich entscheidet?«

Ich werde bleich bis in die Haarspitzen und starre ihn entsetzt an. »Kann mir das passieren?«

Er grinst breiter. (Oh, mein Gott – er hat Grübchen!) »Blödsinn. Da du nicht mit einer Harley vorgefahren bist und auch nicht dreißig deiner Clubkollegen schon mit Bier und Grill auf dem Parkplatz lauern, sehe ich kein Problem. Reine Formsache, das hier.«

Ich atme tief durch, und er lacht.

»Was hast du denn sonst noch so gepflanzt?«

»Willst du auch alles wissen, was ich schon rausgerissen und abgeschnitten habe?«

»Wir wollen mal nicht übertreiben.«

»Okay.« Ich zeige auf diverse Pflanzen. »Die habe ich gesetzt. Die auch. Und die und die und Johann da hinten und die ganzen Cosmeen ...«

»Johann?«

»Der Waldmeister. Er heißt Johann.«

(Zur Erklärung: Den Waldmeister, der zunächst auf meinem Balkon gewohnt hat, fand ich in einer Gärtnerei. Auf seinem

Töpfchen prangte das Gesicht von Johann Lafer, denn es gab tatsächlich eine Johann-Lafer-Gartenkräuter-Kollektion oder so ähnlich. Lauter Exoten. Und deshalb heißt mein wunderschöner Waldmeister, der mittlerweile eine beeindruckende Größe erreicht hat, Johann.)

»Du bist ja 'ne Verrückte. Ein Waldmeister namens Johann ...« George Clooney schüttelt lachend den Kopf und beginnt eine neue Liste.

Ich freue mich wie ein verknallter Teenager, dass ich ihn zum Lachen gebracht habe. Wer hätte gedacht, dass so ein Kleingärtnerverein erotisches Potential haben kann?

Ich ganz bestimmt nicht.

Mit diesem Termin ist es plötzlich irgendwie offiziell. Und ich kann mir nichts mehr vormachen: Der Garten hat sich in mein Herz geschlichen.

»Du brauchst nicht mitzuhelfen, wenn du keine Lust hast«, versichert Anke mir immer wieder. Ich weiß, sie ist überglücklich, dass sie sich hier austoben kann. Aber mal ehrlich: Wie käme ich mir denn da vor? Anke macht die ganze Arbeit – neben ihrem Halbtagsjob –, und ich komme angetanzt und setze mich unter den Sonnenschirm? Nee, da käme ich mir doof vor. Und mit meinem inneren Schweinehund werde ich schon fertig.

Ein Glücksfall ist, dass eine Bekannte von Anke wegen Umzugs ihren Garten auflöst und fragt, ob wir die Pflanzen haben wollen, die sie aus komplizierten, aber nachvollziehbaren Gründen nicht ihrem Ex-Vermieter überlassen möchte. Natürlich wollen wir!

Zwei Tage lang wird in Oldenburg ausgebuddelt: Bambus, Hortensien, Gräser, Sonnenhut und diverse Pflanzen, von denen niemand so genau weiß, wie sie heißen. Die Information »Die haben gelbe Blüten« reicht uns vollkommen. Auch eine wunderschöne blaue Bank zieht zu uns um, außerdem ein Bett für die Hütte, falls mal eine von uns dort übernachten möchte.

Oder sich von der Arbeit ausruhen, was mir wahrscheinlicher vorkommt.

Tag für Tag verändert sich die Parzelle. Wir befreien den Weg und die gepflasterten Sitzflächen von Unkraut und Grasbüscheln, hängen Vogelhäuschen und sinnloses, aber hübsches Dekogebamsel in die Bäume, roden Unterholz und beschneiden laienhaft Büsche, die kreuz und quer gewachsen sind.

Wir entdecken, dass der Vorbesitzer ein Faible für Rosen hatte. Sie kommen überall dort zum Vorschein, wo wir Büsche und Hecken beschnitten haben. Natürlich sind wir sehr gespannt, ob die Rosen überleben werden …

Die Parzelle macht nicht den Eindruck, als hätte es dort jemals einen oder mehrere Gemüseäcker gegeben, obwohl das sicherlich nicht stimmt. Vermutlich hat Kurt mit fortschreitendem Alter nur die schwere Arbeit nicht mehr geschafft, und im Laufe der Jahre ist dann alles mit Gras zugewachsen.

Die einzigen Nutzpflanzen, die wir entdecken, sind zwei Sauerkirschbäumchen hinter der Hütte und einige verwilderte, fast kahle Schwarze-Johannisbeer-Sträucher neben dem Gerätehäuschen. Gab es vielleicht mal ein Gewächshaus? Kartoffeln, Gurken, Tomaten, Zwiebeln, Grünkohl? Schnittlauch, Petersilie, Dill? Erdbeeren, Himbeeren, Stachelbeeren? Falls ja, ist das alles spurlos verschwunden – nur die vielen Geräte im Schuppen deuten darauf hin, dass hier auch mal mehr getan wurde, als lediglich den Rasen zu mähen und die Hecke zu schneiden.

Wir verbringen ganze Nachmittage damit, einfach nur im Garten zu sitzen und immer neue Pläne zu schmieden.

Von der Begehung wissen wir, dass der Verein es mit der Drittelung der Parzelle in Gemüse-, Obst- und Zierfläche nicht allzu genau nimmt – lediglich ein reiner Ziergarten wird nicht so gern gesehen. Immerhin steht in der Satzung, dass das »Prinzip Schrebergarten« der Selbstversorgung dient.

»Das wird richtig harte Arbeit«, sagt Anke, »wir fangen bei null an. Keine Beete, die wir nur mal eben umgraben müssen, um dann Kartoffeln zu setzen.«

Ich sehe mich um. Sie hat recht. Wir haben eine große Rasenfläche, die von dem schmalen gepflasterten Weg geteilt wird. An den Rändern der Parzelle wuchern immer noch viele Büsche, Sträucher und Stauden ungehindert vor sich hin. Die Bereiche, die mittlerweile die Bezeichnung Beet verdienen, hat Anke geschaffen. Sie hat neue Pflanzen zwischen die alten Bewohner gesetzt und die Beete mit Steinen eingefasst, damit der Rasen sie nicht zurückerobern kann.

Im Frühling werden wir uns irgendwo auf die Parzelle stellen, beschließen, »hier kommt ein Beet hin«, und dann mit dem Graben anfangen. Wir haben allerdings keine Ahnung, was wir unter dem Rasen finden werden: Sand? Lehm? Geröll vielleicht?

Aber jetzt ist es September, und die Sonne scheint warm. Um mich herum blüht und grünt es verschwenderisch.

Ich schließe die Augen und sehe mich mit einem Korb am Arm anmutig durch meinen Garten streifen, hier ein paar Tomaten und Gurken ernten, dort ein paar Erdbeeren und ein Büschel Schnittlauch …

»Du träumst«, sagt Anke.

Allerdings, das tue ich.

Kapitel 3

Lesestunde mit Satzung

oder
Vielleicht sollte ich es mir doch noch mal überlegen ...

Zweck des Vereins ist die Förderung eines geselligen Ver-einslebens, lese ich gleich auf der ersten Seite der Satzung. Huch ... ob ich vielleicht doch noch mal nachdenken sollte? Bin ich gesellig? Eher nicht. Jedenfalls nicht auf Kommando. Hysterische Fröhlichkeit, wie sie zum Beispiel zu Karneval ausbricht, ist mir zutiefst suspekt.

Und wie soll ich mir *geselliges Vereinsleben* vorstellen?

Dass ich die Grenzen meiner Parzelle nicht mit Stacheldraht und Selbstschussanlagen bestücken darf, ist mir klar (nicht, dass ich das vorhätte – obwohl ...). Aber vor meinem geisti-gen Auge sehe ich plötzlich ausufernde Bacchanalien mit wildfremden Menschen, zu denen ich aufgrund der Satzung zwangsverpflichtet bin. Vom Verein ausgerichtete Sommer-feste und Ähnliches. Brrrr ...

»Was du schon wieder hast«, rügt Anke, als ich ihr meine Befürchtungen mitteile, »alles kann, nichts muss.«

»Na, super. Hört sich an wie das Motto eines Swingerclubs«, erwidere ich gallig.

»Aber eines Swingerclubs, der schön duftet.«

Anke und ich sitzen im Garten; die offizielle Übernahme nebst feierlicher Aushändigung der Satzung ist einige Tage her. Wir haben einen Sonnenschirm aufgespannt und die Korbmöbel aus der Hütte geholt. Anke blättert durch einen Stapel Magazine für ambitionierte Hobbygärtner, ich lese die Satzung.

Natürlich studiere ich sie intensiv, schließlich will ich erfahren, mit wem ich es zu tun habe.

Der Kleingärtnerverein, dessen Mitglied ich nun bin, verwaltet zwölf über das gesamte Stadtgebiet verteilte Kolonien – Bezirke genannt – mit insgesamt weit über tausend Parzellen. Die kleinste Kolonie besteht aus übersichtlichen siebenundzwanzig Parzellen, die größte aus stattlichen dreihundertzwölf. Alle Kolonien verfügen über ein Wegenetz mit individueller Namensgebung: In Bezirk 1 heißen die Wege zum Beispiel nach Blumen, in Bezirk 2 nach Sträuchern, in Bezirk 3 nach Hühnervögeln. Finde ich irgendwie süß – als würde man im Märchenland leben.

Und: Der intime Kenner der örtlichen Kleingartenszene weiß also sofort, dass es sich bei »Tannenweg« um Bezirk 6 und bei »Erdbeerweg« um Bezirk 11 handelt.

Wie praktisch!

Alles ist in der Satzung festgeschrieben: Rechte, Pflichten, Breite und Länge der gepflasterten Wege in meinem Garten und vieles mehr.

Ein Mitglied kann ausgeschlossen werden, wenn es das Ansehen des Vereins erheblich schädigt, heißt es dort zum Beispiel.

Wieder geht die Phantasie mit mir durch.

»Was befürchten die? Dass sich einer bei uns im Stadtpark

auf eine Kiste stellt und Schmähreden gegen den Verein hält, so wie an der Speakers' Corner im Hyde Park?«

»Wer weiß«, sagt Anke. »Oder vielleicht, dass jemand Plakate in der Stadt aufhängt, auf denen vor dem Verein gewarnt wird, weil der Vorstand angeblich aus Satanisten besteht. Oder schlimmer: aus Nudisten.«

Bei der Vorstellung, es mit heimlichen Nacktgärtnern zu tun zu haben, müssen wir eine Runde gackern.

»Bekloppt«, schnaufe ich, als wir uns endlich beruhigt haben. »Oder hier: Man wird auch rausgeworfen, wenn man *das friedliche Zusammenleben im Verein* stört. Was das wohl heißen soll?«

»Ganz einfach: Gartenparty mit Rundumbeschallung, und das alle zwei Tage. Könnte den Frieden in der Kolonie stören, vor allem, wenn du nur Speed Metal laufen lässt. Oder du hast einen Köter, der unaufhörlich kläfft. Sei versichert: *Meinen* Frieden würde das ganz erheblich stören.« Anke denkt kurz nach und fährt fort: »Und Intrigen. Du weißt schon: Lästereien über den Gartenzaun und so. Üble Nachrede. Gerüchte streuen.«

»Welche zum Beispiel? Dass die Frau vier Parzellen weiter ihr Unkraut nicht ordentlich zupft? Dass der Große Vorsitzende seine Obstbäume zu spät beschnitten hat?« Ich verdrehe die Augen. »Du liebe Güte. Wer soll denn so was machen?«

»Leute mit zu viel Zeit und jeder Menge Langeweile.«

Ich erfahre, dass es für jeden Bezirk eigene Vertreter, Fachberater, Schriftführer, Wegeobleute, Gerätewarte, Wasserbeauftragte sowie Strombeauftragte gibt.

»Warum steht hier nichts über George Clooney?«, beschwere ich mich sofort. »Jetzt habe ich keine Ahnung, welche Funktion er hat oder wie sein Job heißt. Ist er vielleicht der ominöse *Fachberater*?«

»Was hat er denn gesagt, wer er ist?«

»Er hat die Pflanzen aufgelistet.«

Anke rollt mit den Augen. »Weiß ich. Aber er hat sich doch bestimmt vorgestellt, oder?«

»Kann sein. Keine Ahnung, ich kann mich beim besten Willen nicht erinnern. Ich war wie betäubt.«

»Statt ihn anzuglotzen, als wäre er das zehnte Weltwunder, hättest du ihm vielleicht genauer zuhören sollen«, sagt Anke.

»Die beiden anderen waren jedenfalls der Wegeobmann und der Wasserbeauftragte.«

»Die haben aber auch ausgesehen wie Finanzbeamte. Da hat mich nichts von dem abgelenkt, was sie gesagt haben.«

»Selbst schuld.«

Das weiß ich selbst, meine Liebe – aber danke, dass du mich noch einmal darauf aufmerksam machst …

Um mich abzulenken, lese ich weiter.

Wenn man fünfzehn Jahre lang Vereinsmitglied ist, erfahre ich staunend, erhält man die *silberne Ehrennadel mit halbem* (!) *Eichenkranz und der Zahl 15* – der komplette Eichenkranz ist denjenigen Mitgliedern vorbehalten, die sich *durch beispielhaften persönlichen Einsatz verdient gemacht* haben (was immer das heißt).

Und wenn man den kompletten Kranz schon bekommen hat, wartet als besonderes Sahnebonbon für superbeispielhaften, nicht enden wollenden Einsatz am Ende die *goldene*

Ehrennadel mit Eichenkranz und dem Buchstaben »E«.
Wenn das kein Ansporn ist …

Dann komme ich zur »Gartenordnung«.
Es ist zu berücksichtigen, dass die Einsehbarkeit des Gartens gegeben ist. Einmal mehr beglückwünsche ich mich zu meinem grünen Dreieck mit dem Törchen an der Spitze und der wilden Natur drum herum, ganz am äußeren Rand der Kolonie. Keine meiner drei Grundstücksgrenzen befindet sich an einem öffentlichen Weg, das Nachbargrundstück ist nicht verpachtet … wäre es anders, dürften die Hecken oder Zäune höchstens einen Meter hoch sein, damit freie Sicht gewährt bleibt. Puh. Glück gehabt.

Ich darf meine Laube nicht vermieten, nicht dauerhaft dort wohnen, keine Post zustellen lassen, keinen Telefonanschluss legen lassen, auf meiner Parzelle keine privaten Flohmärkte veranstalten und keine Wohnwagen aufstellen. Ich bin natürlich auch für das Wohlverhalten meiner Familienangehörigen, Gäste und Besucher verantwortlich, wie ich erfahre.
»Ich hoffe, du hast dir abgewöhnt, Spaziergänger anzupöbeln und in fremde Gärten zu spucken, sonst muss ich dir leider Hausverbot erteilen«, sage ich streng zu Anke. »Und – wo wir gerade beim Thema sind – wie läuft es übrigens mit deinem Antiaggressionstraining?«
Anke lacht und schlägt mit der Gartenzeitschrift nach mir, in die sie gerade vertieft ist.
»Nicht besonders gut, wie ich sehe«, konstatiere ich. »Das wird deinem Bewährungshelfer aber gar nicht gefallen.«

Ich blättere weiter. »Hör mal – das ist interessant. Hier steht, ich darf weder am Zaun noch an der Hütte oder an der Hecke Werbung anbringen. Schade eigentlich.«

Jede Einnahmequelle ist mir willkommen, das steht mal fest. So ein Kleingarten ist nicht billig. Übers Jahr läppern sich die Ausgaben ganz schön zusammen: Pflanzen, Erde, Dekokram, Dünger, Vogelhäuschen und -futter, Geräte, Baumaterial …

»Da steht nichts von Werbung, die nur aus der Luft zu sehen ist, das haben sie vergessen«, sage ich nachdenklich. »Dabei fliegen hier doch jeden Tag Dutzende Kleinflugzeuge und Hubschrauber drüber …«

Anke sieht mich interessiert an, und ihre Mundwinkel zucken. »Und was schwebt dir so vor? Ein Beet mit dem Emblem einer bekannten Burgerbraterei aus gelben Stiefmütterchen? Oder dem Logo eines Discounters? So ein ALDI- oder LIDL-Schriftzug aus Lavendel oder Geranien sieht bestimmt sexy aus.«

»Höre ich da Ironie, meine liebe Anke? Wenn es schöne Blumen sind, die ich sowieso pflanzen wollte … Da müsste ich mir nur die farblich passenden Logos suchen …«

»Ich hab 'ne Idee: George Clooney hätte da doch bestimmt jede Menge Tipps für dich.« Anke grinst breit. »Und er würde gleich sehen, dass du deinen Garten und die damit verbundenen Verpflichtungen ernst nimmst.« Sie schlägt sich mit der Hand vor die Stirn. »Ach, ich Dummerchen – du hast ja leider nicht zugehört, als er sich vorgestellt hat, und weißt deshalb nicht, wie du ihn erreichen kannst. Zu blöd, wirklich.«

Wie oft wird sie mir das noch unter die Nase reiben? Ich bin gespannt. Und über dieses Hausverbot sollte ich mal ernsthaft nachdenken.

Schießen, auch mit Druckluftwaffen, Schleudern, Bogen etc., die Verwendung von Platzpatronen sowie das Abbrennen von Feuerwerkskörpern ist nicht erlaubt.
Spielverderber.
Da kann ich auch gleich wieder austreten aus diesem blöden Verein.
Hier darf man aber auch gar nichts.

»Waaas? Ich darf noch nicht mal ein Schwimmbecken bauen?«, rufe ich laut aus, als ich auf den entsprechenden Passus stoße.
»Ich bin sowieso gegen offenes Wasser im Garten«, sagt Anke.
»Aber so ein süßer kleiner Teich mit Seerosen … Oder ein munterer Bachlauf, der durch den Garten plätschert …«, wende ich hoffnungsvoll ein.
»Wenn du einen Teich hast, holst du dir Stechmücken in den Garten«, erklärt Anke.
»Aber die sind doch sowieso schon da«, nörgele ich und töte durch blitzschnelles Zuschlagen ein besonders dreistes Exemplar auf meinem linken Arm – auf das ich allerdings nur aufmerksam geworden bin, weil das Vieh mich bereits gestochen hat.
»Und die reichen auch. Wir reden hier von ganzen Wolken aus Mücken, die ständig um dich herumschwirren. Millionen. Ach, was sage ich: Milliarden! Und es sind nur die Weiber, die stechen, denn sie brauchen nach der Begattung frem-

des Blut, um Eier zu bilden.« Anke sieht mich durchdringend an. »*Dein* Blut, meine Liebe. Und die Eier legen sie dann am liebsten in stehende Gewässer wie deinen süßen Teich. Zuerst kriegst du das nicht mit, weil die Eier gern mal im Wasser überwintern, bevor dann irgendwann die große Bevölkerungsexplosion stattfindet.« Sie zuckt mit den Schultern. »Aber wenn du den Sommer lieber hinter Fliegengittern in der Hütte verbringen möchtest …«

Möchte ich natürlich nicht.

Mal abgesehen davon, dass ich die Pächterin der Parzelle und somit letztlich die Bestimmerin bin, höre ich meistens auf Anke, was solche Dinge angeht – und das weiß sie auch. Immerhin ist sie die Fachfrau von uns beiden. Und den Kampf »Bestimmerin gegen Fachfrau« gewinnt zu Recht die Fachfrau – so schlau bin ich dann doch.

Wir machen irgendwann tatsächlich mal ein Experiment mit einer Schüssel Wasser: Binnen kürzester Zeit wimmelt es darin von Mückenlarven – gruselig! Tausende dieser Dinger schwänzeln und zucken durchs Wasser und warten nur darauf, endlich zu schlüpfen und mich auszusaugen.

Trotzdem: Wirklich schade, denn ein Teich hätte mir gut gefallen.

Nachdem ich die Satzung mit ihren vielen Paragraphen zu Ende gelesen habe, klappe ich den kleinen Plastikhefter zu und vergesse das Gelesene umgehend wieder. In dieser Kolonie wird hoffentlich niemals jemand auftauchen, um mir die Paragraphen unter die Nase zu halten.

Kapitel 4

Der erste Winter

oder
Körner her – oder es knallt!

Wie alles andere kann man das Gärtnern mit beinahe religiös anmutendem Fanatismus betreiben oder die ganze Sache locker angehen. Oder irgendwas dazwischen.
Da mir jede Form von Fanatismus zuwider ist, bin ich für »locker«, und Anke plädiert für »irgendwas dazwischen«.
»Ich will weder einen Wettbewerb für den perfekten Schrebergarten gewinnen, noch habe ich den Ehrgeiz, Rekorderträge an Rispentomaten zu erzielen«, sage ich. »Lass uns doch einfach ein paar Dinge ausprobieren, und wenn sie schiefgehen …« Ich zucke mit den Achseln, um zu verdeutlichen, wie wurscht es mir ist, wenn etwas schiefgeht.

Zu Ankes Entsetzen lache ich mich jedes Mal kaputt, wenn ich eine Jungpflanze entdecke, die am Vortag noch zu den schönsten Hoffnungen Anlass bot und von der nun nur noch abgefressene Stengel aus dem Boden ragen. Ich finde die Vorstellung irgendwie süß, für eine kleine Mäusefamilie den Tisch zu decken, und stelle mir vor, wie die Tierchen abends darauf warten, dass die zweibeinigen Riesen endlich aus dem Garten abziehen, damit das Buffet eröffnet werden kann.
Entlang des Zauns zum verwilderten Nachbargrundstück säen wir zum Beispiel eine Samenmischung verschiedener

Rankpflanzen aus, und jeden Morgen aufs Neue sind die Samen der Kapuzinerkresse ausgebuddelt. Wohlgemerkt: nur diese Samen, die anderen werden gefressen. Das wiederholt sich eine Zeitlang täglich: Wir drücken die Samen in die Erde, und morgens liegen sie wie achtlos beiseitegeworfen auf dem Beet, weil sie offensichtlich nicht den Gourmeterwartungen von Madame und Monsieur Maus entsprochen haben.

Ich finde das urkomisch! Diese kleinen Mistviecher!

Im Garten wächst meiner Meinung nach genug, um den einen oder anderen »Schädling« mitzuversorgen. Sollen die Amseln doch an den Erdbeeren und Sauerkirschen picken – für uns bleiben trotzdem noch genug übrig. Und darauf, den halben Garten in diese grünen Vogelschutznetze einzupacken, habe ich eh keine Lust – heiße ich Christo?

Für den ambitionierten Gärtner ist im Garten immer etwas zu tun – egal, zu welcher Jahreszeit.

Es wird Herbst, und mitten auf dem Rasen liegt ein riesiger Haufen aus Ästen, Zweigen und Reisig – Ergebnis der brachialen Ausdünnung des undurchdringlichen Unterholzes, das sich im Laufe der letzten Jahre gebildet hat. Wir haben Hecken, Koniferen und Büsche radikal beschnitten, nicht zuletzt, um herauszufinden, was sich unter dem Dickicht verbirgt. Da der Häcksler des Vorbesitzers wider Erwarten nicht funktioniert, wollen wir den Haufen sortieren und alles retten, was wir für eine Totholzhecke brauchen können; davon haben wir in den Gartenbüchern gelesen und waren sofort begeistert. Den Rest bringen wir anschließend zur Deponie.

Wir zerren alles auseinander, bündeln hier, bilden dort neue Haufen. Geeignete Äste und Zweige schichten wir zwischen Pflöcke, die wir an der Grundstücksgrenze zur Kuhweide in zwei Reihen in den Boden geschlagen haben: das erste kleine Teilstück Totholzhecke, der erste Versuch.

Plötzlich ruft Anke: »Was ist das denn? Ein Igel!«

Tatsächlich: Ein Näschen schnuppert, zwei dunkle Knopfaugen blinzeln uns verwirrt und verschlafen an. Der Igel liegt in einem gemütlichen Nest aus Blättern und weichem Moos. Offensichtlich haben wir ihm mit unserem Gestrüpphaufen das perfekte Winterquartier geschaffen – und er hat sich bereits häuslich eingerichtet.

Wir sind entzückt angesichts von so viel Natur.

»So ein Faulpelz«, sage ich und empfinde spontan eine tiefe Seelenverwandtschaft mit dem Igel. Und auch ein bisschen Neid. »Zwei Tage scheint mal nicht die Sonne, und schon ist es Zeit für den Winterschlaf … im September …

Wir beschließen, den niedlichen Kerl in die Totholzhecke umzusiedeln, denn dafür ist sie schließlich da: Sie soll verschiedenen kleinen Säugern Unterschlupf bieten. Also schaffen wir eine kleine Höhle, polstern alles mit vertrockneten Blättern aus und setzen den Igel dann mitsamt seinem Nest aus Moos hinein.

Und natürlich hoffen wir, dass wir ihn nicht aus dem »richtigen« Winterschlaf gerissen haben, sondern dass er nur ein Probenickerchen gemacht hat.

Auch der alte Komposthaufen soll neu angelegt werden. Dazu gibt es jede Menge Fachliteratur. Man braucht ein großes Behältnis, dann eine Schicht von diesem, eine Schicht von jenem … Aber zuerst muss der alte, gammelige Haufen abgetragen werden, um Platz für Neues zu schaffen.

Wir gehen munter ans Werk, und wieder werden wir plötzlich angestarrt: Eine griesgrämige Erdkröte fühlt sich durch unsere Aktivitäten, gepaart mit dem plötzlichen Einfall von Tageslicht, ganz eindeutig gestört. Sie stemmt sich aus ihrem Loch und watschelt beleidigt von dannen.

»Das war bestimmt Kühlwalda«, sage ich. »Jetzt wird uns womöglich Catweazles Fluch treffen, weil wir seine Vertraute verjagt haben.«

Vorsichtig arbeiten wir weiter und stellen rasch fest, dass die Kröte den Komposthaufen nicht allein bewohnt hat: In rascher Folge tauchen Kühlwalda II bis IV auf und machen sich widerwillig vom Acker. Sie tun mir leid, ehrlich, aber was bleibt uns anderes übrig? Ich hoffe, dass sie ganz rasch wieder ein hübsches Plätzchen im Garten finden, vielleicht in einer ruhigeren Ecke … Jeder Gartenbesitzer kann sich glücklich schätzen, wenn sich Erdkröten bei ihm ansiedeln, denn Schnecken sind ihre Leibspeise.

Der Winter naht mit Riesenschritten, täglich wird es kälter und früher dunkel.

Nach dem ersten schweren Herbststurm fahren wir an den Strand, um Treibholz zu sammeln, das wir irgendwie im Garten verarbeiten wollen. Konkrete Pläne haben wir nicht, aber vielleicht bauen wir daraus einen Zaun, oder wir stecken die blankgewaschenen Äste einfach in die Beete, lassen Kapuzinerkresse daran emporranken und krönen sie mit einem der großen Schneckenhäuser, die wir ebenfalls am Strand finden.

Die Sturmflut hat reichlich Material angespült. Wir sammeln so viel, dass wir mehrmals laufen müssen, um alles zum Auto zu schaffen. Während Anke unterwegs ist, um den Wagen näher heranzuholen, bewache ich unsere Ausbeute und verteidige die Äste gegen zahllose neidische Hunde, die mit ihren Frauchen und Herrchen am Strand unterwegs sind. Zu gern würden die Vierbeiner mir den einen oder anderen Knüppel abluchsen, um ihn mit stolzgeschwellter Brust als Beute nach Hause zu tragen. Aber ich bleibe hart und gebe nichts ab, was einige der Hundebesitzer ziemlich doof finden, von ihren Vierbeinern ganz zu schweigen.

Wenn das Thermometer ab Oktober nachts unter null Grad sinkt und die nebligen Tage beginnen, gilt es, den Garten auf den Winter vorzubereiten. Rosen brauchen Winterschuhe, Gräser werden zusammengebunden, Dahlienknollen ausgebuddelt und eingelagert – sagen Fachliteratur und unzählige Gartenblogs im Internet.
Wir tun nichts dergleichen.
All diese Dinge sind auf meiner Parzelle während der letzten zwei oder drei Jahre nicht geschehen, also überlassen wir den Garten in diesem Herbst einfach sich selbst. Weder decken wir irgendetwas mit Reisig oder Tannenzweigen ab, noch gönnen wir der Erde unter dem Schneeballstrauch eine dicke Laubschicht. Aus experimentellen Gründen binden wir einige der Gräser im November zusammen, um die empfindliche Mitte zu schützen – andere nicht. So wollen wir prüfen, ob die zusammengebundenen Exemplare Frost besser verkraften und eventuell im nächsten Jahr kräftiger austreiben. Kübelpflanzen lassen wir ebenfalls draußen stehen.

Für die zahlreichen Vögel, die den Garten regelmäßig besuchen, gibt es zu dieser Jahreszeit noch allerlei zu fressen: die Beeren verschiedener Büsche, die Hagebutten der alten Heckenrose, die Samenstände etlicher Stauden.

Anke besteht darauf, die Gartengeräte nach Saisonende nicht einfach in den Schuppen zu packen, sondern gründlich zu säubern, damit sie im Frühjahr sofort problemlos wieder einsatzbereit sind.

Wir kochen literweise heißen Tee, heizen die eiskalte Hütte mittels eines mobilen Gasofens notdürftig auf und machen uns an die Arbeit.

»Reicht es nicht, das Zeug abzubürsten?«, frage ich, während ich mit kältestarren Fingern lustlos die angetrocknete Erde von einer kleinen Schaufel kratze.

»Sicher – wenn du nächstes Jahr alles neu kaufen willst ...«

»Aber im letzten Jahr ist das doch auch nicht so gründlich gemacht worden.«

Anke sieht mich an. »Du bist echt wie ein kleines Kind! Sobald es langweilig wird, fängt die Quengelei an.« Sie hält mir den Spaten, mit dem sie gerade beschäftigt ist, unter die Nase. »Da! Ein solides, hochwertiges Werkzeug, das nicht billig war, jede Wette. Das alles hast du von Kurt praktisch umsonst bekommen, und wenn er die Geräte nicht gepflegt hätte, wären sie nicht in diesem Zustand. Es wäre undankbar und respektlos, sie jetzt vergammeln zu lassen! Und glaub mir – später wirst du dich darüber freuen, es gemacht zu haben.«

Oha, das hat gesessen.

Spontan geläutert, widme ich mich unserer Aufgabe nun mit

Feuereifer. Wir schrubben und polieren Metallteile und behandeln Gelenke und bewegliche Teile der Ast- und Heckenscheren mit Maschinenöl. Wir schmirgeln die Holzstiele der Harken, Schaufeln und Hacken an, um sie dann einzuölen. Zuletzt liegen wir auf den Knien und kratzen jedes Fitzelchen Gras, Erde und Schlamm unter dem Rasenmäher weg.

Ich putze nicht besonders gern und bin manchmal nicht die Ordentlichste, das muss ich zugeben, aber wenn ich mal loslege, erfreue ich mich hinterher immer an dem Ergebnis. Geputzte Fenster zum Beispiel sehen tatsächlich schöner aus als ungeputzte.
So auch diesmal: Der Anblick des aufgeräumten Geräteschuppens, in dem alles ordentlich verpackt in den Regalen liegt oder an Wandhaken hängt, erfüllt mich mit unerwartetem Stolz.
»Sieht super aus«, sage ich.
Anke ist Freundin genug, sich den Triumphtanz und lautstarkes »Hab ich doch gesagt!«-Gebrüll zu verkneifen.

Der Garten hat mittlerweile sein Wintergesicht bekommen und sieht völlig kahl aus – unglaublich, dass er noch vor ein paar Wochen in voller Blüte stand.
Wir überlegen, ob wir Zwiebeln von Frühlingsblühern wie Tulpen, Narzissen, Krokussen und Ähnlichem setzen sollen, beschließen dann aber, dass das nur sinnvoll ist, wenn man im März in seinem Wohnzimmer sitzt und einen schönen Ausblick aus der Terrassentür haben möchte. Andererseits sind wir sehr gespannt darauf, was im Frühjahr so alles von allein aus dem Boden ploppt …

In diesem Winter fällt eine Menge Schnee. Ich bin regelmäßig im Garten, um immergrüne Pflanzen von der glitzernden Last zu befreien – und mich selbst darunter zu verschütten, während ich es tue. Aber das muss einfach sein, sonst könnten Äste abbrechen.

Wie vom Wasserbeauftragten angekündigt, wird Ende November in der Kolonie das Wasser abgestellt, damit die Leitungen bei Frost nicht platzen. Wenn ich in den Garten fahre, muss ich also daran denken, einen Kanister Wasser dabeizuhaben, falls ich Kübelpflanzen gießen oder mir die Hände waschen möchte. Außerdem fahre ich zunächst im Kofferraum immer ein Sixpack stilles Mineralwasser mit mir herum, um mir in der Hütte ein Heißgetränk zubereiten zu können – bis ich begreife, dass nächtliche Minustemperaturen auch den Innenraum meines Autos erreichen und das Wasser gefrieren lassen …

Fortan muss ich auf dem Weg zum Garten unzählige Male auf halber Strecke wieder umkehren, weil ich nicht daran gedacht habe, Kanister und Mineralwasser mitzunehmen.

»Pinn dir doch einen Zettel mit der Aufschrift *Wasser!!!* an die Wohnungstür«, schlägt Anke vor, »dann kannst du es nicht vergessen.«

Sie kennt mich wohl doch noch nicht so gut, denke ich. Wenn ich gerade konzentriert an einem Manuskript arbeite, bin ich meist derart verpeilt, dass ich mich vermutlich nur kurz »Wasser? Wieso Wasser?« frage, bevor ich die Wohnung verlasse – falls ich den Zettel überhaupt bewusst wahrnehme.

Besonders »meine« Meisen, Amseln und Spatzen brauchen mich im Winter: Einige Bäume im Garten sehen wegen der vielen Meisenknödel beinahe aus wie geschmückte Christbäume. Auch die zahlreichen Futterhäuschen werden von mir regelmäßig mit einer Mischung aus getrockneten Beeren, ungesalzenen Nüssen, Haferflocken und Sonnenblumenkernen bestückt.

Die Späher meiner gefiederten Freunde materialisieren sich aus dem Nichts, sobald ich ein paar Minuten im Garten bin. Sie setzen sich auf die Äste der Futterbäume und tirilieren aufgeregt: »Die Körnerfrau ist da! Die Körnerfrau ist da! Nicht so lahmarschig! Los, mach schneller – wir haben Hunger!« Vielleicht schreien sie aber auch: »Körner her – oder es knallt!«

Blitzartig tauchen aus allen Himmelsrichtungen ihre Kumpels auf und stimmen in das Zetern und Zwitschern ein – und ich beeile mich, alles nachzufüllen.

Dann setze ich mich mit einem heißen Tee in die Hütte an das große Fenster zum Garten und schaue zu. Das wird mir nie langweilig, es ist die absolute Entspannung. Die Ersten entern die Futterhäuser, während die anderen warten. Dann kommen die Nächsten dran, immer schön der Reihe nach. Man nimmt sich ein Korn und fliegt auf einen Ast. Und wenn das Korn runterfällt, picken die Faulpelze es nicht wieder vom Boden auf, sondern holen sich ein neues aus dem Futterhaus!

An Meisenknödeln können bis zu drei Gourmets gleichzeitig hängen – der Knödel pendelt dann wild hin und her, aber das macht den Piepmätzen überhaupt nichts aus.

Meine Mutter füttert ihre Vögel während des gesamten Jahres. Das scheint sich herumgesprochen zu haben, denn in ihrem Garten hat sich sogar eine Sippe wilder Fasane angesiedelt.

Der Boss des Harems, von mir »El Fasanello« getauft, ist ein riesiger bunter, überaus dreister Hahn, der mit geschwellter Brust durch den Garten stolziert, während seine beiden Hennen sich schüchtern im Hintergrund halten. Er kann schon mal sauer werden, wenn sein Futter nicht rechtzeitig serviert wird. Wütend stakst er dann um das Haus herum und blökt seinen Protest durch jede Terrassentür – und davon gibt es einige.

Was macht meine Mutter dann?

Tut, wie ihr befohlen. Und sagt zu mir, ich solle »leise und vorsichtig« rausgehen, damit Hochwohlgeboren sich nicht gestört fühlt – er fliegt nämlich immer mit ohrenbetäubendem Kreischen auf und verlässt unter Protest den Garten, wenn ich zu plötzlich auftauche.

»Siehst du – jetzt hast du ihn erschreckt!«, empört meine Mutter sich prompt und sieht mich vorwurfsvoll an. »Du bist eine Tierquälerin!«

Sicher.

Ich bin eher der Ansicht, El Fasanello ist ein Menschenquäler. Und ich würde dem frechen Vieh wirklich gerne mal mit Schmackes in den dicken Hintern treten … Besonders im Sommer, wenn er zu faul ist, sich selbst etwas zu picken zu suchen.

Und was macht die passionierte Gärtnerin, zu der ich mich inzwischen gemausert habe, sonst noch so im Winter? Logisch: Gartenkataloge studieren, verrückte Pläne schmieden und komische neue Wörter lernen.

»Baumscheibe«, zum Beispiel.

Begrünen Sie die Baumscheibe mit Kapuzinerkresse, las ich eines Tages im Zusammenhang mit der Pflege von Obstbäumen.

Die Baumscheibe begrünen? Hä?

Baumscheiben entstehen doch, wenn sehr dicke Baumstämme in dicke Scheiben (!) gesägt werden, oder etwa nicht? Und die soll ich begrünen? Soll ich die in den Garten legen und Blumentöpfe draufstellen? Wollt ihr mich veräppeln?

Natürlich forsche ich rasch nach, was in der Botanik und im Gartenbau unter Baumscheibe verstanden wird: der Bereich rund um den Baumstamm, die Erde über den Baumwurzeln quasi. Und die kann man – oder sollte man sogar – bei Obstbäumen mit Kapuzinerkresse bepflanzen, um Blattläuse fernzuhalten. Aber das ist nur eine von vielen verschiedenen Möglichkeiten, seine Obstbäume zu schützen.

Und schon kann ich lässig mitreden: »Also, ich begrüne die Baumscheibe meines Pfirsichs mit Narzissen, du weißt schon … wegen der Wühlmäuse.« Das hatte ich nämlich auch gelernt: Wühlmäuse mögen so ziemlich alles, nur keine Narzissenzwiebeln.

Fruchtfolge, Stark- und Schwachzehrer, Mischkultur, Keimproben, Pikieren, mehrjähriges Holz … mir schwirrt der Kopf. Ich sollte »Gartensprache« lernen, aber pronto. Also schleppe ich stapelweise Fachliteratur aus der Stadtbücherei an – und stelle regelmäßig fest, dass ich wieder mal zu großformatigen Bildbänden mit den »schönsten Gärten der Welt«

gegriffen habe. Ich schwelge in Fotos von traumhaften Gärten, die ich allesamt auch haben möchte. Englische Cottage-Gärten, parkähnliche Anlagen mit Springbrunnen und Teepavillon, lauschige Sitzplätze unter opulent bewachsenen Rosenbögen, japanische Gärten mit Steinlaternen und akkurat geharkten Kiesbeeten, mediterrane Anlagen mit Kräuterspiralen und Steinmauern ...

Gleichzeitig schwant mir, dass mein kleiner Schrebergarten zu einem riesigen Groschengrab wird, wenn ich nicht aufpasse.

Baumarktkataloge belehren mich streng, dass jeder einzelne verdammte Pflasterstein richtig teuer ist. Von dem Wunsch, eine meiner beiden Terrassen mit rotem Klinker zu pflastern, verabschiede ich mich zum Beispiel ganz schnell wieder.

Stattdessen freue ich mir Ende März schier ein Bein ab, als ich beim Ausgraben, um nicht zu sagen: bei der Rettung eines kleinen, wilden Flieders auf dem völlig verwilderten Grundstück nebenan zufällig eine mit Unkraut überwucherte Terrasse aus grauem Pflasterstein entdecke. Unvermutet stößt mein Spaten auf Widerstand ... nanu, ein Stein?

Nein – eine Platte, dreißig mal dreißig Zentimeter. Super, kann man immer gebrauchen.

Ich stochere weiter ... noch eine Steinplatte! Ist ja genial!

Und noch eine und noch eine ... Ich kann mein Glück kaum fassen. Stück für Stück hole ich mehr als vierzig Platten aus dem Boden und schleppe sie hinüber zu mir. Ein schlechtes Gewissen habe ich dabei nicht, denn ich habe immer wieder beobachtet, wie Leute aus der Kolonie die verlassene Parzelle geplündert und Beerensträucher oder Stauden ausgegraben haben, um sie in ihrem Garten einzupflanzen. Nur die Steinplatten hat niemand entdeckt – mein Glück!

Anke ist beeindruckt, als ich ihr stolz meine Beute vorführe. »Das sind ein paar Quadratmeter«, sagt sie anerkennend. »Damit pflastern wir den Bereich vor der Hütte. Dann fehlt nur noch ein Regendach.«
Damit spricht sie den wunden Punkt des Gartens an: Es gibt immer noch keinen überdachten Sitzplatz, und Sonnenschirme schützen nur sehr unvollkommen gegen Regen. Ein paar Tropfen halten sie natürlich ab, aber wenn es richtig gießt, müssen wir immer in die Hütte flüchten, und das nervt auf Dauer. Eine schlaue Idee haben wir natürlich längst: ein paar Pfosten und obendrauf ein Dach aus transparentem Wellplastik – fertig.
Kann ja nicht so schwer sein, oder?

Aber noch haben wir andere Prioritäten. Sobald das Wetter es zulässt, sollte zum Beispiel der »erste Rasenschnitt erfolgen«, lese ich im Internet. Und weiter: Ältere Rasenflächen sollten vertikutiert werden, einmal längs und einmal quer zur Rasenfläche. Schon wieder ein neues Wort: *vertikutieren*. Ich lerne, dass man darunter das Anritzen der Grasnarbe versteht und dass dadurch Moos und anderes Zeugs, das nicht in den Rasen gehört, entfernt werden soll.
Ich stehe im Garten und starre grübelnd auf meinen Rasen. Die Fläche ist nicht plan, sondern hubbelig und voller kleiner Kuhlen, was ich vermutlich den regen Wühlmäusen zu verdanken habe.

Vertikutieren oder nicht?

Will ich überhaupt einen perfekten Zierrasen, eines Golf-platzes würdig?

Ich mag das Moos, das sich die zur Verfügung stehende Flä-che mit dem Gras in friedlicher Koexistenz teilt, es stört mich überhaupt nicht. Ich mag auch die Gänseblümchen, den Löwenzahn und den Kriechenden Günsel mit seinen lila Blütendolden, die er – trotz des irreführenden Namens – bis zu zwanzig Zentimeter hochreckt. Vor allem gefallen mir die Tulpen, Narzissen, Traubenhyazinthen und Krokusse, die im Frühling plötzlich überall zum Vorschein kommen – und wenn ich das weiterhin so haben will, sollte ich mir das Ver-tikutieren tunlichst verkneifen. Auch zu frühes Mähen ist kontraproduktiv, weil die Frühlingsblüher in ihren Zwie-beln die Kraft für das nächste Jahr tanken, während ihr Laub vertrocknet.

Mein Entschluss steht fest: Der Rasen bleibt, wie er ist, wild und ungezähmt. Manch ein Laubenpieper würde es wahr-scheinlich ungepflegt nennen, aber das ist mir schnuppe.

Jetzt merke ich übrigens, wie sensationell falsch ich mit mei-ner Theorie, Tulpen und dergleichen seien in einem Kleingar-ten überflüssig, gelegen habe. Zwar schaue ich nicht aus einem warmen Wohnzimmer hinaus in den Garten, aber ich halte mich öfter als vorher vermutet auf meiner Parzelle auf. Wer hätte gedacht, wie sehr mich der Anblick von Schneeglöck-chen erfreut, die ihre zarten Blüten öffnen, wenn noch alles andere kahl ist. Oder wie spektakulär knallrote Tulpen und leuchtend blaue Traubenhyazinthen wirken, wenn sie nach dem langen Winter die erste Farbe in den Garten bringen!

»Wir haben wieder fließendes Wasser. Heute putzen wir die Pflanzgefäße«, sagt Anke eines sonnigen Tages Ende März.

Ich lerne, dass auch dies zum »Gartenjahr« gehört. Alle Töpfe und Kästen, die wir für die Anzucht von zum Beispiel einjährigen Sommerblumen brauchen, müssen sorgfältig gesäubert werden, damit sich die Keimlinge nicht mit irgendwelchen Krankheiten anstecken, die womöglich noch in der angetrockneten Erde vom Vorjahr nisten.

Überhaupt gibt es im Garten einiges zu tun, um die Saison vorzubereiten. Jetzt ist die Zeit, den Rasen und die Beete von dem Laub zu befreien, das wir über den Winter als Frostschutz haben liegen lassen.

Und – tataaaah! – an der Grenze zur nicht verpachteten Nachbarparzelle legen wir ein schmales Gemüsebeet an. Es ist ungefähr sieben Meter lang und anderthalb Meter breit – ein Anfang, immerhin.

»Wollen wir ein paar Kartoffeln pflanzen?«, fragt Anke.

Ich nicke begeistert, denn ich liebe Kartoffeln. »Ich habe noch ein paar zu Hause, die schon keimen. Können wir die nehmen?«

Nein, können wir nicht. Es gibt spezielle Setzkartoffeln, erfahre ich, die man auf dem Wochenmarkt oder in Fachgeschäften für wenig Geld bekommt.

»Und Möhren, Radieschen, Salat und …«

Anke hebt die Hand, um mich zu stoppen. »Dafür ist das Beet viel zu klein. Möhren brauchen richtig viel Platz, sonst werden sie nicht größer als dein kleiner Finger. Aber wir könnten Erdbeeren pflanzen und Schnittlauch oder Zwiebeln dazwischensetzen, das soll das Erdbeerlaub vor diesem fiesen Grauschimmel schützen. Und darüber konstruieren wir ein Lattengerüst für Feuerbohnen. Die ranken wie verrückt und haben spektakuläre knallrote Blüten. Außerdem muss Dill ins Beet – sieht sensationell aus und schmeckt.«

Das gefällt mir – auch ein Gemüseacker sollte dekorativ sein und das Auge erfreuen.

»Wie läuft das mit den Zwiebeln?«, frage ich. »Wird eine in den Boden gesteckt, und dann wachsen mehrere …?«

Anke lacht sich kaputt. »Nein – eine Setzzwiebel in den Boden, eine Zwiebel wird geerntet.«

Ich kann es nicht fassen – ehrlich.

»Eins zu eins? Eine Saatkartoffel bringt viele neue Kartoffeln, eine Knoblauchzehe eine ganze Knolle, eine Erdbeerpflanze viele Früchte. Dass aus einem Möhrensamen eine Möhre entsteht, kann ich begreifen – aber warum sollte ich eine Setzzwiebel pflanzen, wochenlang hegen und pflegen, um irgendwann *eine* popelige Zwiebel zu ernten? Was kostet ein Kilo Zwiebeln im Supermarkt? Fünfzig Cent? Vierzig?«

»Und – weißt du, wo die Zwiebeln herkommen? Und mit wie viel Gift und Chemie sie besprüht wurden, damit sie ganz schnell wachsen und alle die gleiche Größe haben?«

Und wieder einmal hat sie so was von recht.

Irgendeinen Grund muss es ja haben, dass Obst und Gemüse im Supermarkt derart billig sind.

Ich gewöhne mir ab, zeitlichen Einsatz und finanziellen Aufwand im Garten mit dem Ergebnis verrechnen zu wollen.

Es ist sinnlos und führt zu nichts. Natürlich muss alles, was wir pflanzen, auch gehegt und gepflegt werden. Wir kämpfen mit allerlei Konkurrenten um die Ernte (Schnecken, zum Beispiel), gegen Wind und Wetter, gegen Rückenschmerzen und die galoppierende Unlust, immer wieder Unkraut aus dem Acker holen und die zarten Schützlinge wässern zu müssen.

Aber dann: die erste Erdbeere, unvergleichlich im Geschmack! Kartoffeln – selbst aus dem Boden gebuddelt! Dill für den Gurkensalat aus selbstgezogenen Gurken, unfassbar aromatische Tomaten, eine Handvoll Stachelbeeren (von einem winzigen Babystrauch, der noch groß und stark werden soll) …
Unvergleichlich.

Kapitel 5

Ein passender Partner wäre auch nicht schlecht

oder

Alleingärtnernde Singlefrau mit Schrebergarten sucht Mann mit grünem Daumen

Du brauchst einen Mann«, sagt Anke.
»Ach ja?«, gebe ich schnippisch zurück, und sie nickt.
Wir sitzen in der milden Frühlingssonne im Garten und trinken Tee.

Manchmal sitzen wir stundenlang einfach nur so da und gucken in die Landschaft, habe ich das schon erwähnt?
In die Hecke zur Kuhweide haben wir zum Beispiel ein großes rechteckiges Loch geschnitten, ein Fenster, durch das wir die schönen Tiere beobachten können. Und sie uns natürlich. Manchmal wurschtele ich so vor mich hin, und plötzlich fühle ich mich beobachtet. Ich gucke hoch – und direkt in ein wunderschönes dunkelbraunes Augenpaar, das einem der Kälber gehört. Das Tier steht einfach so da am Heckenfenster und sieht mich an. Was es wohl denkt?
Meist höre ich sie aber kommen, denn die Kühe fressen sich methodisch über die Wiese, und wenn das typische *Rmpf, Rmpf, Rmpf*, mit dem sie die Grashalme abrupfen, stetig immer lauter wird, weiß ich, dass ich bald Besuch bekomme …

Die Wissenschaft hat festgestellt, dass bereits der Blick auf Bäume, Büsche und Blumen ausreicht, um den menschlichen Stresspegel zu senken. Wenn dann noch eine muntere Vogelschar dazukommt, außerdem Schmetterlinge, Hummeln und Bienen, nicht zu vergessen die *Rmpf*-Brigade von der Nachbarweide … totale Entspannung.

»Du brauchst einen Mann, es wird Zeit«, setzt Anke noch eins drauf und schenkt Tee nach. »Du bist jetzt lange genug alleine. Und erzähl mir nicht, du wärst noch in der Trauerphase. Du kannst froh sein, dass du den Kerl los bist. Nach allem, was du mir erzählt hast, warst du schon alleine, als du noch mit ihm zusammen warst.«

Sie meint natürlich meinen Ex. Das Ende dieser Beziehung war der Grund für meinen Umzug an die Nordseeküste, obwohl – so ganz stimmt das nicht. Ich wollte immer am Meer leben, und die Trennung bot mir die einmalige Chance, einen Neuanfang an einem anderen Ort zu wagen.

Natürlich habe ich die Trauerphase längst hinter mir, aber allein zu sein, allein zu leben, finde ich soooo schlecht jetzt auch nicht. Das Single-Dasein hat nämlich durchaus seine Vorteile: Ich kann tun und lassen, was ich will und wann ich es will. Ich kann mal einen ganzen Tag nicht reden, wenn mir danach ist. Oder zwei Tage.

»Ich weiß nicht … Ich bin zu alt, um nächtelang in Discos oder Kneipen rumzuhängen und Typen anzuquatschen. Ich fühle mich zu jung, um zu einem 50plus-Stammtisch zu gehen und mich dort zu langweilen. Und ich habe schon überhaupt keine Lust, in Supermärkten auf Kerle zu lauern, die nur Mikrowellengerichte, Tiefkühlpizzen und Dosenravioli im Einkaufswagen haben und sich damit als Singles outen.«

»Du könntest in Baumärkte gehen und dich hilflos stellen«, schlägt Anke grinsend vor.

»Ich *bin* hilflos«, erinnere ich sie düster an die unbestreitbaren Tatsachen.

»Dann gibt es nur eine Lösung für dich«, sagt sie entschlossen und steht auf. »Wir fahren jetzt zu dir und setzen uns vor den Computer. Es gibt Millionen Partnerschaftsbörsen im Internet. Wir melden dich bei irgendeiner an und dann …«

»Und dann?«, frage ich zweifelnd.

»Das werden wir dann sehen«, antwortet sie.

Eine halbe Stunde später sind wir im Internet. Nach längerer Suche und hitzigen Diskussionen über die unterschiedlichen Angebote, Mitgliedschaften und Auswahlkriterien für Partnerschaftsvorschläge entscheiden wir uns endlich für ein Portal und melden uns an.

Nein – wir melden *mich* an.

Man wird mir Vorschläge machen, auf die ich reagieren kann oder auch nicht. Ich kann ein »Schmunzeln« verschicken, eine echte Nachricht senden oder den Vorschlag meiner Favoritenliste hinzufügen.

Um es vorwegzunehmen: In der Folgezeit erhalte ich diverse Male ein Schmunzeln ohne Nachricht oder auch die kryptische Information »Horst / Jan / Stefan hat dich seiner Favoritenliste hinzugefügt«, ohne dass Horst / Jan / Stefan mir auch nur eine Silbe schreibt. Super – da hat mich also irgendein Typ auf irgendeine Liste gesetzt. Wie schmeichelhaft. Und weiter? Nix weiter – zur Kenntnis genommen und sofort wieder vergessen. Die Jungs warten bis heute auf meine Reaktion.

Jetzt beginnt die eigentliche Arbeit: Es gilt, mein Profil zu erstellen. Bei der Frage nach dem Beruf schreibe ich wahrheitsgemäß, womit ich mein Geld verdiene.
»Bist du sicher?«, fragt Anke.
Ich sehe sie erstaunt an. »Wie meinst du das?«
»Schriftstellerin – da kriegen die Kerle Angst.«
»Bitte? Wieso das denn?«
Sie zuckt mit den Schultern. »Mehrere Gründe. Sie könnten sich intellektuell unterlegen fühlen. Oder sie denken, du recherchierst für ein Buch und willst dich nur über sie lustig machen. Oder sie haben Angst, dass du sie langweilig findest. Oder …«
»Stopp!«, rufe ich. »Was soll ich denn schreiben? Sekretärin? Bäckereifachverkäuferin? Nur damit die Kerle sich groß und stark und überlegen fühlen? Das werde ich nicht tun. Dann sollen sich halt nur die melden, die Eier in der Hose haben. Basta.«
Entschlossen klicke ich auf den Button, um meine Eingabe zu sichern.

Die nächste Entscheidung liegt an: mit Bild oder ohne?
»Mit«, sage ich. Ohne Bild finde ich doof.
Wieder hitzige Diskussionen über die Bildauswahl, denn es steht jede Menge Material zur Verfügung. Zum Beispiel Profifotos, die ich für Verlage und Pressearbeit gemacht habe. Auf denen bin ich schick geschminkt und geföhnt und sehe überhaupt nicht aus wie ich (finde ich jedenfalls). Aber so

laufe ich natürlich nicht jeden Tag rum – ganz im Gegenteil. Anke findet diese Bilder ganz toll und ist der Meinung, dass ich wenigstens eins davon in mein Profil stellen sollte.

»Du siehst super aus auf den Fotos! Die Kerle werden Schlange stehen!«

Ich plädiere dagegen. »Die sollen nicht denken, dass ich so eine aufgedonnerte Mieze bin, die an jedem Glas Lippenstiftreste hinterlässt und ständig nachpudert.«

Anke lacht lauthals. »Aufgedonnerte Mieze? Du bist auf den Bildern doch nicht *aufgedonnert!* Für andere Frauen ist es normal, sich täglich zu schminken. Ohne Kriegsbemalung gehen die nicht mal zu ihrer eigenen Mülltonne.«

»Ich bin aber nicht *andere Frauen*«, maule ich.

»Wohl wahr«, murmelt Anke.

Schließlich entscheiden wir uns für drei verschiedene Motive: ein Foto vom Profi, eins vom Strand mit zerzausten Haaren und eins aus dem tiefsten Winter. Auf Letzterem trage ich meine Lieblingsmütze, ein schwarz-lila kariertes Ungetüm mit Schirm und Ohrenklappen. Ich liebe diese Mütze, auch wenn ich damit aussehe wie ein hinterwäldlerischer Trapper aus einem Comic.

»Willst du wirklich das mit der Mütze …?«

Ich nicke entschieden.

What you see is what you get – das ist mein Motto.

Weiter geht's. Damit das Persönlichkeitsprofil erstellt werden kann, aufgrund dessen mir die Plattform Partner mit möglichst vielen Übereinstimmungen vorschlagen will, werde ich durch einen ellenlangen »Test« geleitet, bei dem ich Aussagen wie: *Ich treffe gern meine eigenen Entscheidun-*

gen, oder: *Meine eigenen Gefühle sind mir immer am wichtigsten,* oder auch: *Wenn ich in einen Raum komme, ist es wichtig, dass die allgemeine Aufmerksamkeit sich auf mich konzentriert,* auf einer sechsteiligen Skala von »stimmt genau« bis hin zu »stimmt überhaupt nicht« bewerten soll.

Mir fällt auf, dass sich überdurchschnittlich viele der Statements mit dem Thema Streit beschäftigen: *Streit gehört für mich zur Partnerschaft,* oder: *Ich gehe keinem Streit aus dem Weg,* oder: *Ich halte Streit für ein gutes Mittel, mich gegen meinen Partner durchzusetzen.* Wer ist denn wohl so blöd, sich selbst hier als Streithansel oder -henne zu präsentieren, frage ich mich verblüfft.

Anke runzelt missbilligend die Stirn, als ich bei *Die Gefühle meines Partners sind mir wichtiger als meine eigenen* den Button für »stimmt genau« anklicke, ohne auch nur eine Sekunde zu zögern.

»Und genau das ist dein größtes Problem«, sagt sie und sieht mich strafend an. »Das hast du doch wohl gerade hinter dir. Wird Zeit, dass dir deine Gefühle mal wichtig sind, findest du nicht?«

Bei der Auswertung des Tests erfahre ich folgerichtig unter anderem, dass meine Bereitschaft für »aufopferungsvolle Liebe« leicht erhöht ist.

»Tss«, macht Anke mal wieder und schüttelt den Kopf.

Ich werde nun aufgefordert, »99 Fragen« zu beantworten, damit sich mein potentieller zukünftiger Partner ein Bild von mir machen kann.

Diesmal kann ich nichts anklicken, sondern muss – oder darf – frei formulieren. Natürlich bin ich nicht gezwungen, jede der gestellten Fragen zu beantworten, sondern habe die freie Auswahl.

Was halten Sie von Treue?, Was tun Sie zu Ihrer Entspannung?, Was sind für Sie gute Manieren?, Sind Sie tendenziell ehrlich? – dies sind einige Beispiele, zu denen ich Statements abgeben kann.

Anke fällt vor Lachen beinahe vom Stuhl, als ich die Frage, welches technische Gimmick ich besonders mag, mit »Toaster« beantworte. Sie hat sich gerade wieder erholt, als ich sie erneut zu Boden schicke.

Was hat Sie zuletzt positiv überrascht?, lautet die Frage, und ich schreibe: *Dass der Winter wirklich ein Ende hat und alles wieder grün wird.*

»Du bist echt nicht wie andere Frauen«, prustet sie los und wischt sich die Lachtränen aus den Augen.

»Sag ich doch.«

Nach ungefähr vier Stunden harter Arbeit sind wir fertig. Mein Profil ist vollständig und wird freigeschaltet.

Sollte es zu einem Kontakt mit einem der vorgeschlagenen Männer kommen, müsse ich ihm auf jeden Fall erklären, was es bedeutet, einen Schrebergarten zu haben, meint Anke. Und vor allem solle ich immer die Frage stellen: *Wie sieht dein Traumgarten aus?*

»Der potentielle neue Mann in deinem Leben kriegt schließlich nicht nur dich, sondern deinen Schrebergarten gleich mit. Der Garten ist dein Lebensmittelpunkt, dort verbringst du deine Freizeit und im Zweifel auch deinen Urlaub«, doziert meine vorausschauende Freundin.

»Ich bin also keine alleinerziehende Frau mit Kindern, sondern eine alleingärtnernde Frau mit Parzelle?«, frage ich amüsiert.

Sie nickt ernsthaft. »Genau. Abgesehen davon, dass du bei deinem Beruf nicht wirklich Urlaub einreichen musst, wird das bei dem Mann aber wahrscheinlich der Fall sein, und dann will er vielleicht mit dir verreisen. Du kannst aber nicht einfach drei Wochen wegfahren und den Garten sich selbst überlassen, richtig? Du hast Verantwortung übernommen. Was, wenn gerade Erntezeit ist? Sollen die Johannisbeeren am Strauch vergammeln? Wer gießt deine Schützlinge, wenn es mal längere Zeit nicht regnet?«

Anke hat recht – schließlich kann ich nicht immer sie dafür einplanen. Wenn ihr Gatte an Land ist, steht meist eine Urlaubsreise an, »Qualitätszeit zu zweit«, wie sie es nennt. Und die haben sich die beiden nach monatelanger Trennung auch redlich verdient.

»Seine persönliche Traumgarten-Phantasie wird eine Menge über ihn aussagen«, referiert Anke weiter. »Stell dir nur vor, unser buntes Chaos trifft auf Gemüsezwiebel-Exerzierplatz! Das geht niemals gut! Das muss unbedingt vorher geklärt werden.«

Ich weiß natürlich auf Anhieb, was sie mit *Gemüsezwiebel-Exerzierplatz* meint.

Zugegeben, das ist vielleicht ein ungewöhnliches Kriterium bei der Partnersuche, aber ein Gemüse-Drillsergeant kommt mir nicht ins Haus … pardon: auf die Parzelle.

Jetzt heißt es warten – und durch nichts bin ich auf das vorbereitet, was im Laufe der nächsten Monate auf mich zukommt: Hunderte Vorschläge! Einen Großteil klicke ich sofort weg, weil ohne Bild und/oder weil das Profil nicht mehr Information enthält als die Tatsache, dass derjenige männlichen Geschlechts ist und eine Frau sucht.

Wie kommen die Betreiber der Plattform darauf, dass es bei diesen Vorschlägen eine »89-prozentige Übereinstimmung« mit meinem Profil gibt, obwohl die Männer nichts, aber auch rein gar nichts von sich preisgeben, während ich ausführlich zu Vorlieben, Abneigungen und Interessen Auskunft erteilt habe?

Warum schicken sie mir die Profile von Männern, die sonst wo in Deutschland wohnen (auch München ist dabei!), obwohl ich angegeben habe, dass ich in maximal hundertfünfzig Kilometern Umkreis suche – und ich lebe an der Nordseeküste?!

Warum werden mir nichtrauchende, ordnungsfanatische, frühaufstehende, strikt vegan lebende Extremsportler vorgeschlagen, obwohl ich meinen wahrheitsgemäßen Angaben entsprechend das genaue Gegenteil bin?

Es wird zum liebgewonnenen Ritual, dass Anke und ich uns die Vorschläge gemeinsam ansehen – und so manches Mal über die Art, wie die Herren sich präsentieren, den Kopf schütteln müssen.

An dieser Stelle sei hoch und heilig versichert: Ich habe mich nicht dort angemeldet, um Material zu sammeln. Die Partnersuche per Internet ist einfach Teil des Lebensabschnittes, den ich in diesem Buch beschreibe.

Beinahe täglich bekam ich mehrere Vorschläge zugeschickt, mit denen ich mich ernsthaft und intensiv beschäftigt habe – es sei denn, die jeweiligen Herren fielen aus oben beschriebenen Gründen direkt durchs Raster. Mit einigen von ihnen gab es Mailkontakt, mit manchen habe ich telefoniert, mit wenigen kam es zu einem Treffen.

Und noch etwas: Ich nenne natürlich nicht die echten Namen der Herren, die meinen Weg gekreuzt haben – sei es schriftlich, telefonisch oder auch persönlich.

Kapitel 6
Die Schriftstellerin mit dem Naturgarten
oder
Ich lasse mich gerne mal infiltrieren

Regelmäßig schaut Heinz bei uns vorbei – nicht jeden Tag, aber immer mal wieder. Er hat seine Parzelle irgendwo in der Nähe und ist Rentner mit jeder Menge Tagesfreizeit. Stets in ausgebeulte Cordhose und kariertes Flanellhemd gekleidet (auch im Sommer), mit sonnengegerbtem Gesicht und weißem Schopf, verkörpert er anscheinend so etwas wie das Ordnungsamt der Kolonie und sieht immer mal nach dem Rechten. Unnötig zu erwähnen, dass sein gärtnerisches Wissen schier unerschöpflich ist.

Heinz taucht genauso lautlos und unvermittelt auf wie die bezaubernde Jeannie aus der gleichnamigen Sechziger-Jahre-Fernsehserie. Manchmal mitten in meinem Garten, manchmal am Zaun zur verwilderten Nachbarbrache. Immer wundere ich mich aber, dass er sich nicht in einer rosaglitzernden Wolke Feenstaub materialisiert.

Da Kurt, der Vorbesitzer meiner Parzelle, ein langjähriges und hochgeschätztes Mitglied der Kolonie war, ist es offensichtlich von allgemeinem Interesse, dass ich mit dem Grundstück keinen Blödsinn anstelle. Vermutlich ist Heinz ein Späher, der immer wieder ausgeschickt wird, um die anderen Koloniebewohner mit Informationen zu versorgen.

Bei jedem seiner Besuche sagt er, dass wir uns jederzeit an ihn wenden können, wenn wir Fragen haben. In Wirklichkeit will er natürlich auf dem Laufenden bleiben, was sich die beiden komischen Frauen da so zusammenwurschteln – und bei dem, was er auf unserer Parzelle zu sehen bekommt, kann er offenkundig kaum glauben, dass wir ihn nicht um Hilfe anflehen.

Mit gerunzelter Stirn, aber schweigend beobachtet er uns dabei, wie wir dem mit Wurzeln durchseuchten Streifen am Zaun zur Nachbarbrache im Schweiße unseres Angesichts ein schmales Beet abtrotzen. Buddeln, an abgestorbenen Wurzeln von längst nicht mehr existierenden Büschen zerren, keuchen, dabei fluchen wie die Fischweiber.

Um ihm einen Gefallen zu tun, frage ich ihn irgendwann, ob er der Ansicht ist, dass wir unsere Erdbeeren wohl zu dicht gepflanzt haben. Ich habe nämlich gelesen, dass zwischen den Reihen mindestens ein halber Meter Platz gelassen werden sollte. Unser Erdbeerbeet ist aber nur circa einen Quadratmeter groß. Sinnend starrt er auf die zehn Pflänzchen, die sich den Miniacker teilen.

»Wenn ihr nicht vorhabt, zur Erdbeerernte eine Horde polnischer Leiharbeiter durch die Reihen zu jagen, soll das wohl reichen«, meint er todernst.

Heinz hat Humor – er weiß es bloß nicht.

Wir gewöhnen uns an seine Besuche. Irgendwie gehört Heinz zum Garten wie der zutrauliche Amselmann Hans oder die Kühlwaldas.

»Dich sehe ich ja manchmal schon vormittags«, sagt er eines Tages zu mir. »Schön, wenn man den ganzen Tag Zeit hat.«

»Stimmt.«

Offensichtlich hat Heinz sich mehr Information erhofft, denn er setzt nach. »Manchmal hat es ja auch was Positives, wenn man arbeitslos ist. Für den Garten ist das gut ...«

»Stimmt.«

Ehe ich Anke mit den Setzzwiebeln, die wir gerade in den Acker bringen, das vorlaute Mundwerk stopfen kann, sagt sie: »Arbeitslos? Brenda ist Schriftstellerin! Die schreibt Bücher.«

Heinz bleibt der Mund offen stehen. Damit hat er nicht gerechnet. In seinem Gesicht arbeitet es, man meint fast, die Rädchen in seinem Gehirn um die Wette rattern zu sehen. Schlagartig hellt seine Miene sich auf.

»Deshalb wolltest du eine Parzelle, die ruhig liegt!«

Woher weiß er das denn nun schon wieder? Aber klar – die Geschichte von der merkwürdigen Frau mittleren Alters, die eine Sahneparzelle am Times Square abgelehnt hat, um stattdessen den Ohne-Nachbarn-am-Ende-der-Welt-Garten von Kurt zu nehmen, dürfte rasend schnell die Runde gemacht haben.

»Ja, genau«, sage ich, »ich brauche ein ruhiges, schönes Örtchen, um zu arbeiten.«

Heinz strahlt. »Ich weiß schon, um dich infiltrieren zu lassen!«

Ich ahne, dass er in Wirklichkeit »inspirieren« meint, und nicke. Und ich weiß, Heinz hat wieder was zu erzählen.

Drei Tage später bringt er seine Gattin mit. Mir springt sofort ihre Kurzhaarfrisur ins Auge, die beim Damenfriseur vermutlich mit Prädikaten wie »flippig« oder »flott« ange-

priesen wurde: pechschwarz mit kreischroten Ponyfransen.
Wow.

Es wird Zeit, dass der Verein an der verwilderten Nachbarparzelle endlich ein abschließbares Tor anbringt und damit
den Zugang zu dem Grundstück versperrt, denke ich. Heinz
und seine Begleiterin stehen jetzt einfach da drüben und
quatschen mich über den Zaun an. Wenn sie erst durch mein
Tor gehen und mein Grundstück betreten müssten, um mich
spontan zu besuchen – das dürfte die Hemmschwelle deutlich erhöhen …

»Das ist Gerdi«, sagt Heinz. »Meine Frau. Ich wollte ihr mal
den Naturgarten von der Schriftstellerin zeigen.«

Ich wende mich kurz ab, um den Rittersporn wegzustellen,
den ich gerade einpflanzen wollte. Als ich mich wieder um-
drehe, ist Heinz verschwunden.

Ohne Feenstaub.

Gerdi ist noch da und sieht mich erwartungsvoll an.

»Freut mich«, sage ich und reiche ihr die Hand über den
Zaun. »Ich heiße Brenda.«

»Und dein Vorname? Wir duzen uns hier«, erwidert Gerdi
und schüttelt mir die Hand.

»Brenda *ist* mein Vorname.«

»Oh. Habe ich noch nie gehört, so einen Vornamen.«

Und das in einem Landstrich, wo die Männer gern mal
Ubbo, Okko oder Meint heißen … Ich zucke mit den Schultern.

»Interessanter Garten«, fährt Gerdi fort und sieht sich neugierig um. »Ungewöhnlich, wirklich. So ganz anders als die
anderen Gärten.«

Ist das ein Kompliment oder eine subtile Beleidigung? Ich

habe keine Ahnung, und es ist mir auch schnuppe, um ehrlich zu sein. Warum ist Heinz ohne Gerdi abgehauen? Mir fällt beim besten Willen kein Gesprächsthema ein. Obwohl – Moment mal …

»Ihr habt also einen *anderen* Garten?«

Gerdi nickt heftig. »Wir haben zwei Parzellen nebeneinander. Und eine ist nur für Gemüse und Obst. Auf dem Acker haben wir Kartoffeln, Grünkohl, Zwiebeln, Salat, Mangold, Weißkohl, Wirsing, Gurken, Bohnen, Erbsen … Was man eben so im Garten hat.«

So? Hat man?

»Schön. Da müsst ihr ja kaum noch was einkaufen. Aber bestimmt viel Arbeit, oder?«

»Heinz hat Zeit genug«, sagt sie leichthin, um dann mit einem rasanten Schlenker unvermittelt das Thema zu wechseln. »Heinz sagt, du bist Schriftstellerin?«

Ich nicke.

»Was für Sachen schreibst du so?«

Ah – der Klassiker, Standardfrage Nummer eins. Fehlen noch Nummer zwei: »Muss man was von dir kennen?«, und Nummer drei: »Kann man davon leben?«

»Alles Mögliche«, sage ich. »Liebesromane, Krimis, Sachbücher. Ich bin noch nicht sehr lange dabei.«

»Manche Leute hatten ja ein Leben, das man unbedingt aufschreiben sollte …«, sagt Gerdi.

Verstehe. Gerdi lässt Frage zwei und drei aus und kommt direkt zu Punkt vier. Auch ein Klassiker, der mir ständig begegnet, sobald mein Gegenüber erfährt, was ich beruflich mache – und der Grund dafür, dass ich niemals unaufgefordert davon erzähle. Ich soll jetzt nachfragen, und dann erzählt sie von ihrem Leben und von ihren talentierten Kindern/Enkeln/Haustieren, die eigentlich auf die Bühne gehören … Und dann soll ich ganz begeistert sein und mit ihr zusammen ein Buch schreiben. Kenne ich.

»Ich finde, alle Menschen haben ein interessantes Leben, auch wenn sie selbst es nicht so sehen«, weiche ich der Falle aus und begebe mich geschickt auf neutralen Boden.

Sie sieht mich nachdenklich an. »Du hast recht, so habe ich das noch nie betrachtet. Jeder erlebt interessante Sachen in seinem Alltag … Und Leute wie du schreiben sie auf. Ich finde das spannend. Als Schriftstellerin hat man bestimmt ein aufregendes Leben und trifft wahnsinnig viele Leute. Man hört ja so einiges …«

Wieso denken das bloß alle? Ehrlich, dieses Phänomen ist mir ein absolutes Rätsel. Glauben die Leute, das Leben eines Schriftstellers besteht daraus, auf glamourösen Partys herumzustehen und sein Personal zum Einkaufen zu schicken?

»Ganz im Gegenteil«, sage ich, »meine Arbeit ist völlig unspannend. Ich sitze am Schreibtisch und arbeite, das ist alles. Und ich bin sowieso ein Eigenbrötler. Überhaupt kein Gruppenmensch. (Hallo, Gerdi: Zaunpfahl!) Ich könnte auch in einem Leuchtturm wohnen. Würde mir nix ausmachen.«

»Wie ein echter Künstler …« Gerdi ist beeindruckt. »Das sind ja oft so Einsiedler. Die haben ja oft Probleme, sich in die Gesellschaft zu intrigieren …«

Ich ahne, dass sie »integrieren« meint, und nicke.

»Ich habe ja immer gerne gemalt«, sinniert Gerdi weiter.

»Dann hast du hier ja eine Menge schöner Motive. Du sitzt bestimmt gern mit der Staffelei im Garten und malst die wunderschöne Natur um dich herum. Oder gehst an den Deich und bannst den Himmel und die Wellen auf deine Leinwand. Um dieses Talent beneide ich dich wirklich.«

Gerdi sieht mich verblüfft an. Offenkundig ist sie darauf noch nicht gekommen.

Ihr Gesicht hellt sich auf. »Das ist eine gute Idee! Und die Helga töpfert doch so gern, hat sie ewig nicht mehr gemacht. Wir könnten doch sogar Ausstellungen im Vereinsheim auf die Beine stellen, und du liest aus einem deiner Bücher vor.«

Ich nicke und bin unerwartet gerührt von ihrem Enthusiasmus. Vor Eifer färben sich ihre Wangen rot, ihre Augen blitzen unternehmungslustig. Die Vorstellung, Gerdi und ihre Freundinnen zu mehr Kreativität anzustiften, gefällt mir.

»Vielleicht werden wir ja noch eine richtige kleine Künstlerkolonie!«, sagt sie begeistert.

Wer weiß, Gerdi. Ist mir jedenfalls eine Freude, euch Mädels zu »infiltrieren«.

Worpswede ist nix gegen uns …

Kapitel 7

Männersuche, die Erste: Andreas

oder
Jemand, der keinen grünen Daumen hat, muss doch kein schlechter Mensch sein

Andreas gefällt mir auf Anhieb. Er kleidet sich lässig, und sein Profil klingt interessant. Er ist der erste Mann, der sich meldet, nachdem mein Profil freigeschaltet ist. Und er schickt mir nicht etwa nur ein Schmunzeln oder setzt mich auf diese ominöse Favoritenliste! Oh, nein – er schreibt mir eine nette Mail, dass mein Profil ihm aufgefallen ist und er mich gern näher kennenlernen würde.

Ich bin begeistert.

Andreas wohnt nicht gerade um die Ecke, aber achtzig Kilometer Entfernung sind auf dem Land so gut wie ein Katzensprung. Sollte der erste Mann direkt ein Treffer sein?

»Das ist doch mal ein Angebot«, sagt Anke anerkennend, als ich ihr Andreas' Profil zeige. »Scheint ein gestandener Mann zu sein: seit Jahren geschieden, erwachsene Kinder, solider Job. Und er sieht ausgesprochen nett aus. Wie schreibt er denn?«

»Gibt nix zu meckern«, antworte ich.

»*Du* hast nichts zu meckern? Also, korrekte Rechtschreibung, ganze Sätze, nicht zu forsch, nicht zu einsilbig ...«

»Genau.«

Um die Wahrheit zu sagen: Seine Mail hat mir sogar ausgesprochen gut gefallen.

»Was meinst du – soll ich ihm antworten?«, frage ich.

»Hat der Papst einen lustigen Hut auf? Ist Gras grün? *Natürlich* antwortest du ihm, und zwar pronto.«

Abends setze ich mich an den Computer und schreibe ihm eine lange Mail zurück. Ich teile ihm mit, dass ich mich über sein Interesse freue, und beantworte die Fragen, die er mir gestellt hat. Ich bitte ihn, mehr von sich und seinem Alltag zu erzählen.

Zwischen uns entwickelt sich ein reger Austausch. Ich ertappe mich dabei, dass ich auf seine Nachrichten warte. Er sei Finanzbeamter, schreibt er, und leite eine Abteilung. Nicht aufregend, aber er mache den Job gern. Schon lange habe er sich nicht mehr mit einer Frau ausgetauscht, und er genieße es sehr.

Auch mir gefällt die schriftliche Kommunikation – und dass wir uns Zeit damit lassen, uns »näher« zu kommen.

Der Mann hat Stil. Und dass er einen krisenfesten Job hat, finde ich so schlecht auch nicht.

Irgendwann schickt er mir seine Telefonnummer und überlässt es – ganz Gentleman – mir, wann und ob ich ihn anrufen möchte.

Ich lasse noch ein paar Tage verstreichen, aber schließlich reden wir tatsächlich miteinander.

Er hat eine nette Stimme, wie ich erfreut feststelle. Da wir uns über die Mails schon recht gut kennengelernt haben, plaudern wir munter drauflos. Als er mich fragt, wie ich am liebsten meine Freizeit verbringe, ist die Zeit gekommen, meinen Garten zum Thema zu machen.

»Was ich an Freizeit habe, verbringe ich im Schrebergarten. Sport und Entspannung, und das gleichzeitig. Hast du auch einen Garten?«

Hat er natürlich nicht. Er hat nicht einmal einen Balkon, wie ich erfahre.

»Als Ausgleich zum Schreibtischjob gar nicht schlecht«, sinniert er, »täte mir bestimmt auch gut. Aber auf die Idee, mir eine Parzelle zu pachten, wäre ich im Traum nicht gekommen.«

»Du bist herzlich eingeladen, dich in meinem Garten zu verausgaben«, sage ich.

Er erzählt mir vom Garten seiner Großeltern, von dem frischen Gemüse, den Obstbäumen und -sträuchern und den vielen Schmetterlingen …

Wie sympathisch, denke ich, während er von den selbstgepflückten Erdbeeren schwärmt, vielleicht ist er ja tatsächlich der perfekte Mann zu meinem Garten?

»Wie sähe denn dein Traumgarten aus?«, frage ich.

»Hm … wenn ich mich zurückerinnere, hat mein Opa ständig auf den Knien gelegen … Ich weiß nicht … Irgendwie schön, Gemüse aus dem Garten zu holen, aber das ist so wahnsinnig viel Arbeit.« Er überlegt einen Moment. »So ein japanischer Meditationsgarten – das fände ich gut. Geharkte Kiesbeete, Bonsais, ein Teich mit Kois, Bambus … schön strukturiert. Und vielleicht ein kleiner Teepavillon.«

Ganz schön teuer, denke ich, von langweilig ganz zu schweigen. Und ständig muss der Kies geschrubbt werden, damit er auch schön weiß bleibt. Aber als Beamter verdient er bestimmt nicht schlecht und könnte sich vermutlich sogar einen Kiesschrubber auf 400-Euro-Basis leisten.

Sollte es tatsächlich so sein, dass ein Finanzbeamter sich nach einem Garten sehnt, der so ordentlich ist wie sein Schreibtisch (ich unterstelle mal frech, dass sein Schreibtisch aufgeräumt ist und nicht so aussieht wie meiner)? Innere und äußere Struktur als Lebensprinzip? Und was sagt das über seinen Charakter und sein Privatleben aus? Gebügelte Socken? Kein Krümel auf der Arbeitsfläche in der Küche?

Darüber müssen wir aber noch mal reden, Andreas, und zwar so schnell wie möglich.

Ein Gespräch später fackelt er nicht lange: Er möchte mich persönlich kennenlernen. Selbstverständlich wird er anreisen – und nicht umgekehrt.

»Ich möchte dich gern in ein schönes Restaurant ausführen«, sagt er, »du hast die freie Wahl.«

Nun ist es so, dass ich nicht besonders gern essen gehe, aber das kann er nicht wissen. Ich frequentiere zwar ab und zu die rustikale Fischbratbude am Hafen, aber die scheint mir für ein erstes Treffen mit Andreas nicht wirklich angemessen.

»Was hältst du davon, wenn ich etwas für uns koche?«, frage ich.

»Ich will dir keine Arbeit machen«, antwortet er, »ich lade dich wirklich gern ein.«

Ich bleibe bei meinem Vorschlag, und er willigt ein. Erstaunlicherweise bin ich völlig sicher, kein Risiko einzugehen, indem ich ihn gleich bei unserem ersten Treffen in meine Wohnung einlade.

Ich habe ein Date.

»*Waaaaaas?*«, kreischt Anke, als ich ihr davon erzähle. »Du willst ihn in deine *Wohnung* lassen? Spinnst du? Du kennst ihn doch nur aus dem Internet!«

»Na und? Willst du damit sagen, dass ich irgendeinen Kerl, den ich an einem Kneipentresen treffe, besser einschätzen kann als Andreas? Mit ihm schreibe und telefoniere ich schon seit Wochen. Ich bilde mir ein, ihn recht gut zu kennen.«

»Aber du hast ihn doch noch nie gesehen! Was, wenn er …«

»Ein irrer Axtmörder ist? Der sich die Mühe macht, mir wochenlang zu schreiben, um mir dann den Schädel zu spalten? Blödsinn.«

Sie runzelt die Stirn. »Eine Vergewaltigung würde mir schon reichen, meine Liebe. Kennst du seinen kompletten Namen? Seine Adresse? Hast du das überprüft?«

»Ich weiß sogar, wo er arbeitet, und habe seine Büronummer. Ich habe es im Internet überprüft. Alles stimmt.«

»Los, her damit.«

Sie schreibt sich akribisch alles auf. »Für den Notfall«, wie sie sagt.

»Den finde ich, wenn er sich danebenbenimmt, und dann reiße ich ihn in tausend Stücke«, droht sie, und ich glaube ihr aufs Wort.

»Er wird mir nichts tun.«

»Sein Traumgarten?«, fragt sie mit gerunzelter Stirn, keineswegs beruhigt.

»Bambus, Kies und Koi-Karpfen.«

»Du liebe Güte.« Sie verdreht die Augen. »Auch das noch. Passt ja hervorragend.«

»Jemand, der keinen grünen Daumen hat, muss doch kein schlechter Mensch sein!«

Um Missverständnissen vorzubeugen: Japanische Zen-Gärten finden wir wunderschön – wir wollen nur keinen haben.

Eine Woche später ist es so weit.

Und ja, ich bin ganz schön aufgeregt. Das Essen habe ich vorher mit ihm abgesprochen – wie ich mag er italienische Küche. Es gibt Tomaten mit Mozzarella und frischem Basilikum, danach Spaghetti mit Tomatenpesto. Zum Nachtisch werde ich ein Trifle aus Amarettini, Mascarponecreme und frischen Himbeeren servieren. Der Pinot Grigio steht kalt.

Ich bin dezent aufgebrezelt. Es kann losgehen.

Ich lauere unauffällig am Fenster, als er vorfährt. Ich öffne die Tür, und er steht strahlend vor mir, mit einem Strauß Blumen, nicht zu pompös und nicht zu mickrig, also genau richtig.

Wir sind beide ein wenig verlegen, aber es ist nicht peinlich. Er setzt sich an den farbenfroh gedeckten Tisch und nickt anerkennend.

»Schön hier.«

»Vielen Dank. Machst du schon mal den Wein auf? Geht gleich los.«

Von seinem Platz am Tisch aus kann er zu mir in die Küche sehen, und wir plaudern munter, bis das Essen fertig ist. Natürlich hat er höflich gefragt, ob er mir helfen kann, aber abgesehen davon, dass ich am liebsten alleine koche, ist meine Miniküche viel zu klein für zwei Personen.

Schließlich sitzen wir uns gegenüber, stoßen an und beginnen mit dem Essen. Kein beklommenes Schweigen, das Essen schmeckt super, der Wein ebenfalls, die Laune ist bestens.

Aber dann ...

»Ich habe mir deine Website angesehen«, sagt er. »Du hast ja schon eine Menge Bücher geschrieben. Du führst bestimmt ein interessantes Leben.«

»Geht so«, antworte ich, »eher im Gegenteil. Schreiben ist alles andere als glamourös. Ich sitze am Schreibtisch und arbeite allein vor mich hin. Genau wie du.«

»Kann ich mir nicht vorstellen. Du musst mich ziemlich langweilig finden.«

»Quatsch. Wieso das denn?«

»Na ja, mein Beruf ...«

»Andreas, das ist völliger Quatsch. Was jemand beruflich macht, ist mir so wurscht wie nur was. Du bist nicht langweilig.«

Tja, was soll ich sagen: Den Rest des Abends verbringe ich damit, ihm zu versichern, dass er nicht langweilig ist – was ich natürlich prompt entsetzlich langweilig finde.

Als er sich verabschiedet, umarmt er mich, geht zur Tür, kehrt um, umarmt mich noch einmal.

Wir telefonieren noch einige Male, dann bekomme ich eine Mail von ihm, dass er sich spontan in eine Zufallsbekanntschaft verliebt hat und dass er mir dankt, denn der Aus-

tausch mit mir habe ihn wieder gelehrt, auf Frauen zuzu-
gehen.

Gern geschehen, Andreas.
Und ein kleiner Tipp von mir:
Erzähl der Frau nicht, dass du langweilig bist. Das törnt ab,
selbst wenn es nicht stimmt.

Kapitel 8

Wir legen »mal eben« einen Bauerngarten an

oder

Es ist wie bei einer Geburt – hinterher sind die Schmerzen vergessen

Sollen wir nicht einen Bauerngarten anlegen?«, schlägt Anke vor, als wir im März vor der Hütte sitzen und Pläne schmieden. »Vier Beete rings um ein Rondell, was meinst du? In die Mitte stellen wir einen Obelisken für Kletterrosen, den bauen wir selbst. Diese riesige Rasenfläche ist doch pure Vergeudung.«

Sie hat recht. Es gibt keine Kinder, die Federball oder Fußball spielen wollen, und für Liegestühle wird auch mit Bauerngarten noch genug Platz sein.

»In die Beete pflanzen wir Lavendel, Malven und Sonnenhut. Und als Einfassungen züchten wir kleine Hecken aus Buchsbaum.«

»Buchsbaum? Das dauert doch hunderttausend Jahre«, gebe ich zu bedenken.

Das weiß sogar ich, dass der Buchsbaum der Scharping unter den Heckenpflanzen ist – weil er gaaaaanz laaangsam zu wachsen pflegt.

Fertige Buchsbaumhecken kosten Unsummen und große, bereits in Form geschnittene Kugeln oder Kegel ein kleines Vermögen.

»Dann nehmen wir halt was anderes«, sagt Anke. »Uns wird schon was einfallen.«

Wie sich herausstellt, liegt das Thema Bauerngarten stark im Trend, und es gibt mehr als genug Literatur dazu. Zurück zur Natur, lautet die Devise. Weg von starren, streng durchkomponierten Beeten ohne charmanten Wildwuchs.

Klassisch für einen Bauerngarten sind die quadratische oder rechteckige Form, das Wegekreuz, das die Beete voneinander trennt, und die äußere Einfriedung durch Zaun, Hecke oder Mauer. Auch das Rondell als Mittelpunkt der Anlage gehört zu den typischen Gestaltungselementen. Die Wege werden gern mit Rasen ganz natürlich belassen, alternativ mit Kies oder Mulch bestreut, selten gepflastert. In den Beeten mischt man Zierpflanzen mit Nutzpflanzen – was natürlich nicht der klassischen Gliederung der Flächen im Schrebergarten entspricht, die relativ streng in Obst- und Gemüseanbau sowie Ziergarten aufgeteilt ist. Viele Gemüsepflanzen und Kräuter, zum Beispiel Dill, blühen allerdings höchst dekorativ und sind eine Zierde für jedes Beet!

Wir machen sofort Nägel mit Köpfen – nicht ahnend, was wir uns mit diesem Projekt aufhalsen. (Nebenbei: Bis zum heutigen Tag gibt es lediglich zwei der vier geplanten Beete …) Mit Hilfe von Steinen und Brettern legen wir den Grundriss des zukünftigen Bauerngartens auf der Rasenfläche aus – und stehen erst einmal eine Runde zufrieden darin herum.

»Und jetzt?«, frage ich.

»Auskoffern«, antwortet Anke. »Auskoffern und dann mit Mutterboden auffüllen.«

Kann ja nicht so schwer sein, denke ich in meiner grenzenlosen Naivität. Ein bisschen Rasen abtragen, ein bisschen buddeln, ein bisschen Erde drauf, Pflanzen rein – fertig!

Von wegen: Es ist Schwerstarbeit.

Zuerst wird der Rasen mit dem Spaten in schmale Streifen gestochen, dann mühsam Stück für Stück herausgehebelt. Die überschüssige Erde an der Unterseite muss abgehackt werden, dann stapeln wir die Sodenstücke neben dem Komposthaufen.

Wir haben noch keinen Quadratmeter geschafft, als ich schon keine Lust mehr habe und mich an meine ursprüngliche Idee erinnere, den Garten zu lassen, wie er ist, einfach einen Liegestuhl aufzustellen und ein gutes Buch zu lesen. Dann wieder sehe ich den Bauerngarten vor mir, üppig blühend, umschwirrt von bunten Schmetterlingen und flauschigen Hummeln …

Aber es ist so ANSTRENGEND!, mault mein inneres Kleinkind, während ich schwitzend mit einer weiteren Schubkarre voller Grassoden in Richtung Komposthaufen wanke. Meine Hände tun weh, mein Rücken tut weh, meine Beine tun weh.

»Ich kann nicht mehr«, jammere ich und beäuge die Blasen an meinen Händen, die sich trotz der Handschuhe gebildet haben.

»Klappe halten, weitermachen«, kommandiert Anke erbarmungslos. »Du wirst sehen: Es ist wie bei einer Geburt – hinterher, wenn du das Ergebnis siehst, sind die Schmerzen vergessen.«

Boah, denke ich genervt, woher willst du das denn wissen? Du bist kinderlos!

Jetzt gilt es, die Beete auszukoffern. Der Boden ist schwer, lehmig und klebt kiloweise an unseren Gummistiefeln. So muss es sich anfühlen, wenn man es sich mit der Mafia verdorben hat und Betonschuhe angepasst bekommt, bevor man ins nächste Hafenbecken expediert wird. Oder mit Bleigewichten an den Fußknöcheln für einen Marathon trainiert.

Die nächste Herausforderung: Wohin mit der ausgekofferten Erde? Spontan beschließen wir, hinter einem Beet, das von einer Tanne und einem Essigbaum beschattet wird, einen kleinen Hügel anzulegen.

»Daraus machen wir so ein Walddings«, schlägt Anke vor, während wir den schweren Boden ächzend aufhäufen. »Funkien, Farne, Waldmeister und Bärlauch … die mögen schattige Plätze. Das wird super.«

Ja, ja – aber jetzt mühen wir uns erst einmal mit dem Bauerngarten ab, und über ein *Walddings* können wir später nachdenken.

Der schwere Boden ist ein echter Gegner, aber irgendwann ist das erste Beet geschafft. Es hat drei gerade Seiten, die vierte, dem Rondell zugewandte Seite wölbt sich nach innen. Schnaufend stehen wir vor der etwa dreißig Zentimeter tiefen Grube und bewundern unser Werk. Ich verstehe mittlerweile, warum sich andere Leute für solche Arbeiten einen Minibagger leihen.

Beim zweiten Beet geht es viel leichter. Nicht, dass wir uns an die Arbeit gewöhnt oder durch die Plackerei jetzt mehr Kondition hätten – nein, der Boden ist an der Stelle wesentlich lockerer und lässt sich mühelos wegschaufeln, als der Rasen erst einmal abgetragen ist.

Nachdem wir die Gruben mit Mutterboden wieder aufgefüllt haben, denken wir über einen angemessenen Zaun nach, der die Beete zum Garten hin begrenzen soll. Wir stellen uns vor, ihn mit einjährigen Kletterern zu bepflanzen, Duftwicken vielleicht oder rankende Kapuzinerkresse und Schwarzäugige Susanne.

Wir stromern durch den größten örtlichen Baumarkt, um uns Zäune anzusehen.

»Langweilig«, maule ich. »Jägerzaun, Lattenzaun, Staketenzaun – finde ich alles blöd.«

»Und wir brauchen nicht nur die Zaunelemente, sondern auch Pfosten und vor allem Einschlaghülsen.«

Anke zeigt auf ein silbernes Metallding, bei dessen Anblick meine Krimischriftstellerphantasie umgehend Amok läuft: Die Hülse, die den Pfosten aufnehmen und stabilisieren soll, hat eine etwa fünfzig Zentimeter lange Spitze aus verzinktem Stahl, die in den Boden getrieben werden muss.

»Wow«, sage ich begeistert, »das nenne ich eine potentielle Tatwaffe! *Mord im Schrebergarten* – das wäre es doch. Laubenpieper, die sich gegenseitig Einschlaghülsen in den Rücken rammen. Was für ein Gemetzel!«

Anke sieht mich strafend an. »Sosehr mich deine spontane kreative Eruption auch beeindruckt – was ist mit dem Zaun?«

»Wie gesagt, das hier finde ich alles blöd. Wir sollten den Zaun selber basteln. Wir können doch die Treibholzknüppel vom Strand dafür nehmen! Das sieht bestimmt abgefahren aus.«

Anke wiegt zweifelnd den Kopf. »Und wie sollen wir die stabilisieren? Wir müssten sie einbetonieren, damit sie nicht umkippen.« Sie denkt nach. »Wie wäre es, wenn wir einen Weidenzaun flechten? Heute Morgen habe ich im Vorbeifahren in einer Einfahrt riesige Bündel abgeschnittener Weidenzweige gesehen. Die könnten wir uns holen.«

Gesagt, getan. Die Weidenbündel warten in der Einfahrt auf ihre Entsorgung, wie sich herausstellt, und natürlich dürfen wir sie mitnehmen. Die Zweige sind noch grün, weil sie frisch geschnitten sind, und damit biegsam und leicht zu verarbeiten. Wir laden vier der langen Bündel auf die Ladefläche von Ankes Kombi und fahren glücklich zurück in den Garten.

Da vor dem Vergnügen bekanntlich die Arbeit kommt, breiten wir erst einmal alles auf dem Rasen aus und sortieren. Nicht jede der Weidenruten ist geeignet: Sie sollen kräftig und gerade gewachsen sein. Dann müssen sie von Blättern und Seitentrieben befreit werden, bevor sie verarbeitet werden können.
Wir stechen die Erde um die Außenseiten der Beete herum mit dem Spaten ein, rammen Weidenruten im Abstand von ein paar Zentimetern nebeneinander in den Boden und treten die Erde wieder fest. Als Eckpfosten wählen wir Exemplare, die mindestens drei Meter lang sind und sich – so ist es geplant – zu kleinen Bäumen entwickeln sollen, denn frische Weidenruten haben den Ruf, rasch Wurzeln zu bilden und wieder auszutreiben.

Am Zaun zum Nachbargrundstück taucht auf einmal Heinz auf. Stirnrunzelnd beobachtet er, wie wir dünne Ruten durch das obere Drittel der Zweige flechten, anstatt – wie jeder normale Mensch – vernünftige Jägerzaun-Elemente zu setzen.

»Der wird austreiben«, gibt er zu bedenken.

»Genau das wollen wir ja: einen lebenden Zaun«, sage ich und ernte einen erstaunten Blick.

»Hm«, macht Heinz nachdenklich, was aber ganz sicher eine völlig andere Bedeutung hat als mein persönliches »Hm«. Bei ihm heißt es wahrscheinlich: *Wie kann man wollen, dass der Zaun austreibt? Das sieht doch unordentlich aus! Typisch Künstler. Ich bin gespannt, was die anderen sagen, wenn sie davon erfahren.*

Schweigend sieht er uns weiter bei der Arbeit zu.

»Und was wollt ihr dann in die Beete setzen?«, fragt er schließlich.

»Weiß ich noch nicht, mal sehen«, sage ich vage. »Ein paar Stauden, vielleicht Kräuter …«

»Hm«, macht Heinz wieder.

Plötzlich habe ich einen Geistesblitz.

»Sag mal, Heinz – weißt du, wo ich den Kollegen finde, der bei den Begehungen die Pflanzen auflistet? Der könnte mich beraten. Ich stelle mir sowas wie einen Cottage-Garten vor. Da wäre ein Fachmann nicht schlecht.«

»Pah«, sagt Heinz und winkt großspurig ab, »unser Pflanzenbeauftragter … na ja, einer muss den Job ja machen. Den brauchste dafür nicht. Was der Jens weiß, weiß ich schon lange. Kannste mich auch fragen.«

Mist. Hatte ich wirklich gehofft, er würde brav herunterbeten, wo ich den Kolonie-Clooney finden kann? Wir sind hier schließlich nicht bei *Wünsch Dir was,* oder? Aus dem Augenwinkel sehe ich Anke breit grinsen.

Wahrscheinlich um seine Fachkompetenz zu beweisen, stürzt Heinz sich in einen ausufernden Vortrag über den Kleiboden, den wir hier alle haben und der auch Minutenboden genannt werde. Er verstummt und sieht uns erwartungsvoll an.

Brav stelle ich die Frage, auf die er hofft. »Und wieso heißt der Minutenboden?«

»Hähähä«, macht Heinz, »ganz einfach: Weil der entweder zu nass und schwer ist, um ihn zu bearbeiten, oder er ist zu trocken und knüppelhart. Dann brauchste Dynamit, wenn du ein Loch haben willst. Und dazwischen gibt es höchstens ein paar Minuten, in denen du normal buddeln kannst. Aber wann diese Minuten sind – das weiß keiner. Hähähä.«

»Hähähä«, machen Anke und ich pflichtschuldig.

Eins hat es immerhin gebracht: George Clooney heißt Jens.

Einige Wochen später hat sich unser Flechtwerk aus Weide in eine grüne Wand verwandelt, und das ist uns nun doch ein wenig zu viel des Guten, zumal die frischen Triebe kaum noch Platz für die Wicken und die Kapuzinerkresse lassen, die sich malerisch um die Zweige ranken sollen. Allein die Eckweiden dürfen fortan ungehindert wachsen, allerdings dezent von uns geleitet.

Nach und nach bepflanzen wir die beiden bisher fertiggestellten Beete und das Rondell. Rittersporn, Sonnenhut, Dahlien, Lilien, Fette Henne, Indianernessel, Lampenputzergras, Lavendel, Schmuckkörbchen – alles darf sich frei entfalten.

Die Kapuzinerkresse scheint zu planen, sich den gesamten Garten zu erobern, und bekommt ein Rankgitter aus Treib-

holz und Weidenruten, das nach und nach immer höher gezogen wird, weil die Pflanze unermüdlich weiterwächst.

Die Katzenminze von meinem Balkon wandert in eines der
Beete, da meine Miezen zu Hause immer in den Topf klettern und sich in der Pflanze wälzen (was ich mir eigentlich
hätte denken können). Auch im Schrebergarten liegt die
Katzenminze morgens manchmal platt am Boden – dafür
dürfte der Kater, der gelegentlich den Garten besucht, verantwortlich sein.

In der Garten-Spezialausgabe eines Heimwerkermagazins
finden wir die erstaunlich simple Bauanleitung für einen drei
Meter hohen Obelisken aus Dachlatten, als Stütze für kräfti-
ge Rankpflanzen. Wir bauen ihn für das mittige Rundbeet
nach und setzen feierlich zwei Kletterrosen daran, die uns mit
traumhaften rosafarbenen und weißen Blüten bezaubern.

Schmetterlinge, Hummeln und Bienen werden von der ver-
schwenderischen Blütenpracht magisch angezogen und sorgen für jede Menge summenden und brummenden Luftver-
kehr im Garten.

Einen schweren Rückschlag müssen wir hinnehmen, als es
im September längere Zeit regnet: In dem zuerst angelegten
Beet steht das Regenwasser und kann nicht mehr abfließen,
weil der schwere Minutenboden unter der Erde, die wir hin-
eingefüllt haben, nicht unendlich viel Wasser aufnehmen
kann. Innerhalb kürzester Zeit verwandelt sich unser schönes Bauerngarten-Beet in eine Wanne voller Schlamm. Stau-
nässe-Alarm!

Im strömenden Regen evakuieren wir die meisten Pflanzen
und bringen sie in Sicherheit. Dann stehen wir vor dem

Schlammloch, das noch Tage zuvor ein wogendes Blüten-
meer war.

»Ich habe schon im Internet geguckt«, sagt Anke. »Wenn
wir wollen, dass unsere Blumen an dieser Stelle nicht jedes
Mal absaufen, wenn es regnet, müssen wir eine Drainage legen. Bis rüber zum Graben an der Kuhweide. Sonst haben
wir keine Chance gegen diesen verdammten Kleiboden.«

»Eine Drainage? Wie sollen wir das denn hinkriegen?«

»Mit Plastikrohren, die wir im Boden verlegen und die das
überschüssige Wasser ableiten. Gott sei Dank fällt der Garten zur Weide hin leicht ab, das sind perfekte Voraussetzun-
gen.«

Oh, mein Gott. Gräben ausheben, Rohre verlegen – eindeutig Männerarbeit. In meiner Phantasie kann es kaum schwie-
riger gewesen sein, die Pyramiden von Gizeh zu bauen.
Oder den Eiffelturm.

Kapitel 9

Männersuche, die Zweite: Dr. Greenthumb

oder

Ein Mann ohne Gesicht bringt mein Herz zum Klopfen

Als mir *Dr. Greenthumb* vorgeschlagen wird, rettet ihn der lustige Name davor, sofort weggeklickt zu werden, denn er hat kein Bild von sich in seinem Profil. Eigentlich ein Ausschlusskriterium, aber *Greenthumb* – grüner Daumen – bringt mich zum Kichern. Ich lese mir seine Angaben durch und bin spontan angetan. Ledig, Single, Gartenfreak und nicht blöd, wie es scheint. Wir mögen die gleiche Musik, die gleichen Filme und haben einen ähnlichen Humor. Seine Selbstbeschreibung ist flapsig und ironisch, was mich erst recht anspricht.

Anke schüttelt den Kopf. »Kein Bild. Löschen«, ist ihr einziger Kommentar.

»Ich weiß, aber trotzdem … Ich glaube, ich mache mal eine Ausnahme. Vielleicht gibt es einen Grund dafür, dass er kein Bild veröffentlicht. Oder er hat keins, das er hochladen könnte, so was soll's geben.«

»UFOs soll's angeblich auch geben.« Anke verdreht die Augen.

»Du bist doof. Ich schreibe ihm, basta.«

Gesagt, getan.

Ich schicke ihm eine Mail, dass ich sein Profil interessant finde, und lade ihn ein, sich meins anzusehen. Es dauert ein paar Tage, dann kommt seine Antwort. Er habe relativ wenig Zeit und sei auch nicht täglich online, schreibt er, aber er wolle gern mit mir in Kontakt bleiben. Ob ich dazu Lust hätte?

Blöde Frage.

Natürlich habe ich Lust!

Ich frage ihn natürlich nach dem fehlenden Foto und teile ihm mit, dass ich es blöd finde, mit jemandem zu kommunizieren, dessen Gesicht ich nicht kenne.

»Leider habe ich kein Bild von mir, das geeignet wäre, veröffentlicht zu werden«, antwortet er, *»nur doofe verwackelte Schnappschüsse, auf denen ich aussehe wie jemand, für den man ein enorm hohes Kopfgeld kassieren kann, wenn man ihn überwältigt und zum nächstbesten Sheriff schleift. Ich lasse mich nicht gern fotografieren und werfe mich sofort auf den Boden, sobald eine Kamera auf mich gerichtet wird … und manchmal kommt es dabei sogar zu Verletzungen. Leider sehe ich mit zerschrammtem Gesicht erst recht dämlich aus. Als hätte ich zwölf Runden mit Rocky Balboa hinter mir.«*

Ich muss lachen, als ich das lese. Wie witzig er ist! Zudem kann ich ihn gut verstehen, denn ich lasse mich auch nicht gern fotografieren. Und wenn ich mir die Bilder in den meisten Profilen so ansehe … viel Material scheinen die anderen Herren der Schöpfung auch nicht zur Auswahl zu haben: jede Menge unscharfer Fotos, auf denen kaum etwas zu erkennen ist.

Zwischen *Dr. Greenthumb* und mir entwickelt sich ein Austausch, der mir immer mehr Spaß macht. Wir erzählen uns Schwänke aus unserem Leben, berichten Alltägliches, scherzen miteinander. Vor allem gefällt mir gut, dass er weder meine Telefonnummer haben will noch auf ein Treffen drängt, was die meisten Männer spätestens in der dritten Mail tun. Außerdem weiß ich aus seinem Profil, dass er nur wenige Kilometer entfernt wohnt – und dann bin ich besonders vorsichtig. Ich habe keine Lust, durch vorschnellen Austausch von Kontaktdaten einen Kerl am Hals zu haben, der ständig unangemeldet vor meiner Haustür steht. Ab mindestens hundert Kilometer Entfernung gebe ich unter Umständen meine Telefonnummer heraus, ansonsten rufe allenfalls ich an – mit unterdrückter Nummer, versteht sich. Als ich erfahre, dass er einen Schrebergarten hat, gerate ich vollends aus dem Häuschen, denn damit eröffnet sich schlagartig eine ganz neue Themenwelt. Ich habe den Eindruck, dass er einiges von Gartenarbeit versteht, denn er hat auf jede Frage von mir eine Antwort parat.

»Na und?«, sagt Anke, als ich ihr begeistert davon berichte. »Die kann er sich aus dem Internet holen – genau wie du auch.«

»Wieso bist du so misstrauisch? Es macht Spaß, mit ihm zu schreiben. Er ist lustig und wirft mir keine tumben Halbsätze an den Kopf. Und er bedrängt mich nicht, das ist die Hauptsache. Andere Typen fragen direkt nach meiner Telefonnummer und wollen wissen, ob ich gerne massiert werde …«

»Urgs.« Anke schüttelt sich, bleibt aber unnachgiebig. »Trotzdem. Typen, die ihr Gesicht nicht zeigen, machen mich eben misstrauisch.«

»Dein gutes Recht. Aber ich muss nicht genauso denken, oder?«, gebe ich pampig zurück.

Anke hebt abwehrend beide Hände. »Schon gut, schon gut. Du bist alt genug, um zu wissen, was du tust. Aber wenn du mich nach meiner Meinung fragst, kriegst du sie zu hören, auch wenn sie dir nicht gefällt.«

Ich weiß, Anke, und dafür mag ich dich.

Natürlich verliebe ich mich nach und nach ein wenig in ihn. Kann man das, wenn man sich noch nie gesehen hat, wenn man sich nur schreibt?

Doch, das funktioniert.

Wenigstens bei mir – so wichtig, wie mir Sprache ist (immerhin verdiene ich damit mein Geld). Wenn ein Mann mit Worten umzugehen und unterhaltsame, im Optimalfall witzige Geschichten zu erzählen vermag, finde ich das attraktiv und sexy. Der kann aussehen wie Nosferatu, das ist mir völlig schnurz.

Und *Dr. Greenthumb* kann mit Worten, mit Sprache umgehen. Ich liebe seine Mails, kann sie kaum erwarten. Ich finde es sogar spannend, dass wir nur schriftlich miteinander kommunizieren! Noch habe ich kein Bedürfnis danach, mit ihm zu reden oder ihn zu treffen, denn diese Anonymität ist besonders reizvoll.

Anke schüttelt den Kopf, als ich ihr das gestehe.

»Und er hat noch nie nach deiner Nummer gefragt? Oder gesagt, dass er dich treffen will?«, fragt sie mich ungläubig. »Wundert dich das nicht?«

Ich zucke mit den Achseln. »Nein. Vielleicht empfindet er die Situation ja genauso wie ich, kann doch sein.«

»Klar. Und Kühe können fliegen. Der macht das bestimmt mit drei oder vier Frauen gleichzeitig, und dann checkt er eine nach der anderen ab, wenn er sie durch sein Gesülze erst einmal weichgekocht hat. Ich sehe doch bei dir, wie besoffen du von ihm bist!«

Ich lasse mich nicht beirren. *Dr. Greenthumb* und ich schreiben uns täglich – doch dann, ganz plötzlich, bricht der Kontakt ab. Sein Profil auf der Plattform existiert von einem Tag auf den anderen nicht mehr. Keine Nachricht von ihm, nichts.

Ich bin untröstlich, das gebe ich zu. Besonders die Tatsache, dass er ohne Abschied oder Erklärung plötzlich aus meinem Leben verschwindet, macht mir zu schaffen.

Ich muss Anke zugutehalten, dass sie keinen Kommentar im Stil von »Hab ich doch gleich gesagt!« dazu abgibt. Im Gegenteil, sie tut alles, um mich zu trösten. Ablenkung finde ich im Garten, denn es gibt dort wieder jede Menge zu tun.

Kapitel 10
Die Eisheiligen und ich

oder

Wenn die Launen der Natur dich zum Weinen bringen

Der Winter neigt sich dem Ende zu. Da ich den Garten im späten Sommer übernommen habe, sind Anke und ich entsprechend gespannt, was in meiner Wundertüten-Parzelle im Frühling wohl alles zum Vorschein kommt.

Bei der Rodung des Unterholzes, einer unserer ersten Aktionen im Garten, hatten wir zum Beispiel zu meiner Freude einen verkümmerten Blauregen entdeckt, der sich an zwei langen Trieben knapp über dem Boden um diverse Büsche geschlungen hatte, weil ihm eine Stütze fehlte, an der er sich hätte emporranken können.

Ich liebe Blauregen! Er trägt gefiederte Blätter und riesige blassblaue Blütendolden, die schon früh im Jahr blühen. Statt eine neue Pflanze anzuschaffen, beschließen wir, das vorhandene, sichtlich kränkelnde Exemplar aufzupäppeln und an die Sonne zu bringen, wie es dieser Schönheit gebührt.

Im Baumarkt ergattere ich einen stabilen Rankbogen aus massivem Holz zum Schnäppchenpreis. Wir wollen eine Bank darunterstellen und schwelgen schon im kalten März in der Vorstellung, bald unter einem üppigen Blätter- und Blütendach in der Morgensonne zu sitzen …

Anke und ich verbringen Stunden damit, die kostbare Kletterpflanze aus dem Buschwerk herauszuoperieren, immer in dem Bemühen, sie bloß nicht zu verletzen. Schließlich liegen die beiden fast drei Meter langen Triebe frei, und wir drapieren sie vorsichtig über den Holzbogen und binden sie fest. Zufrieden begutachten wir unser Werk.

»Jetzt kann er Gas geben, der Gute«, sagt Anke.

Ich runzle sorgenvoll die Stirn. »Ist der Bogen auch stark genug für ihn?«

Blauregen sind dafür bekannt, dass sie Hauswände sprengen und einreißen können, wenn sie nicht mit strenger Hand geführt und ordentlich abgestützt werden.

Anke lacht. »Momentan würde ein Reisigstöckchen reichen, um ihn zu stützen. Lass uns erst mal abwarten, ob er überhaupt noch lebensfähig ist.«

»Natürlich ist er das!«, sage ich empört. »Wir haben ihn schließlich vor dem Verderben gerettet, und schon allein deshalb wird er uns den Gefallen tun und prächtig blühen!«

Und richtig – in den folgenden Wochen bilden sich an den Zweigen zahlreiche Knoten, die auf viele Blätter und Blütendolden hoffen lassen. Immer wenn ich in den Garten komme, renne ich als Erstes zum Blauregen und rede ihm gut zu.

Überhaupt beginnt jeder Aufenthalt im Garten mit einem ausgiebigen Rundgang. Wie gesagt: Ich empfinde es jedes Jahr aufs Neue als großes Wunder, wenn die Natur aus ihrem Winterschlaf erwacht. Wochenlang ist alles erstarrt, der Boden ist gefroren – und bis auf ein paar unverzagte immergrüne Büsche und Bäume zeigt sich keine Farbe. Es ist mir ein Rätsel, wie all die Pflanzen, die sich spurlos in den Boden zurückziehen, die kalte Jahreszeit überleben.

Natürlich kann auch der Winter seine ganz eigene Schönheit haben – bei einem Spaziergang unter blauem Himmel durch einen verschneiten Park zum Beispiel, wenn die kahlen Äste der Bäume durch gefrorenen Reif überzuckert sind und der Schnee unter den Schuhen knirscht.

Irgendwann kommt jedoch der Tag, an dem die Luft zum ersten Mal nach Frühling duftet, und dann dauert es nicht mehr lange: An den Ästen und Zweigen bilden sich kleine Knubbel, die Sonne wird wärmer, die Knubbel werden größer, und eines Morgens tragen Büsche und Bäume plötzlich einen zartgrünen Schleier. Dieses besonders zarte Hellgrün ist für mich die schönste Farbe, die es gibt.

Ein ordentlicher April gibt der Natur dann alles, was sie braucht: mittelprächtige Temperaturen mit Sonne, Regen und Wind – immer schön durcheinander.

Nicht allerdings in meinem ersten Schrebergartenfrühling, denn da überrascht der April mit viel zu hohen Temperaturen, kaum Regen und deutlich zu viel Sonne. Die Pflanzen schießen aus dem Boden, bilden Triebe, Knospen und Blätter. Es ist absurd heiß, und wir stehen jeden Tag schwitzend im Garten und füttern unsere Schützlinge mit Hektolitern Wasser, um sie vor dem Verdursten zu schützen. Ich finde das natürlich klasse – nach der endlos langen Winterstarre erwacht der Garten endlich zu neuem, üppigem Leben voller Saft und Kraft.

Und dann kommen die Eisheiligen.

Der Volksglaube sagt, dass die milde Wetterlage des Frühlings erst nach der »Kalten Sophie«, also nach dem 15. Mai, stabil wird – vorher muss noch mit Nachtfrösten gerechnet werden. Das hat etwas mit der unterschiedlich starken Erwärmung kontinentaler und ozeanischer Regionen Europas zu tun und mit polaren Luftmassen, die durch Tiefdruckgebiete zwischen Kaltluft und Warmluft nach Mitteleuropa transportiert werden.

Vor Nachtfrost du nie sicher bist, bevor Sophie vorüber ist, besagt eine alte Bauernregel. Eine Information, die den Pflanzen in meinem Garten offenbar nicht bekannt war.

Die Eisheiligen sind für die Natur kein Problem – nach einem normalen April. Aber nach diesem heißen, trockenen Wetter war alles drei, vier Wochen zu früh dran …

Anfang Mai gibt es dann tatsächlich eine Nacht mit Temperaturen unter null Grad, und das reicht völlig aus, um jede Menge Pflanzen zu zerstören.

Am nächsten Morgen rase ich buchstäblich mit Tatütata in den Garten. Mein erster Weg führt mich zu meinem Liebling, dem Blauregen. Sein Anblick treibt mir die Tränen in die Augen, denn alle zarten Blätter und Doldenknospen, die sich bis zu diesem Zeitpunkt entwickelt haben, sind erfroren. Knapp vierzig Knospen fallen dem Frost zum Opfer (ich hatte sie natürlich gezählt!), und ich trauere ehrlich um sie.

Der Blauregen ist nicht das einzige Kälteopfer. Alle Blätter oder Triebe im Garten, die noch nicht kräftig genug sind, erfrieren: Farne, Kräuter und vieles mehr. Sie erholen sich später zwar wieder, bleiben aber kleiner und kümmerlicher als ihre Kollegen, die noch nicht so weit entwickelt waren, als die Kalte Sophie zu Besuch kam.

Auch der Blauregen tut mir den Gefallen, noch ein paar Dolden zu produzieren. Sein Blattwerk entwickelt sich schon im ersten Jahr seiner Rettung recht respektabel, so dass ich im Sommer häufig mit einer Tasse Kaffee in der Morgensonne auf meiner »Philosophenbank« sitze.

Kapitel 11

Gemeinschaftsarbeit als Minenfeld

oder

Wir bauen eine Totholzhecke

Zu den Pflichten eines Schrebergärtners gehören die Gemeinschaftsstunden. Jedes Vereinsmitglied muss pro Jahr eine bestimmte Anzahl an Stunden Gemeinschaftsarbeit leisten. Dann werden zum Beispiel die Parkplätze und öffentlichen Wege gereinigt oder die Rasenflächen vor dem Vereinsheim gemäht.

Ich bin fein raus, weil es vor meiner Parzelle ein Rasenstück mit Hecke gibt, um das ich mich kümmere – damit ist mein Pflichtanteil erledigt. Dieser Umstand bewahrt mich nicht nur davor, in einer Gruppe von Fremden an einem Samstagvormittag auf Knien über einen öffentlichen Parkplatz zu robben, um Unkraut zu zupfen – nein, mit dieser kleinen Rasenfläche habe ich auch einen höchst privilegierten Privatparkplatz direkt vor meinem Tor. Ich bin allerdings schon darauf hingewiesen worden, dass ich dort nicht rückwärts einparken darf, weil die Auspuffgase die Hecke schädigen könnten.

Nun ja.

Fritz, der Vorsitzende meines Kleingärtnervereins, kommt – genau wie Heinz – immer mal auf einen Schwatz vorbei. Wie die anderen Besucher auch steht er dann auf dem Nachbargrundstück und führt mit mir ein Gespräch über den Zaun. Fritz' großes Sorgenkind ist ebendiese Parzelle, die längst zu verwildert ist, als dass noch die geringste Hoffnung bestünde, irgendwer könnte sich dafür interessieren.

Er hat nichts dagegen, wenn Vereinsmitglieder beispielsweise Beerensträucher dort ausgraben und in ihren eigenen Garten verpflanzen. So werden immerhin Pflanzen gerettet, die nach wie vor Früchte tragen. Aber zu seinem Kummer wird der Garten auch als wilde Müllkippe benutzt, leider nicht nur für Strauchschnitt, sondern gerne auch für die eine oder andere ausrangierte Kloschüssel oder alte Autoreifen. Da eine öffentliche Straße an diesem und meinem Grundstück vorbei mitten durch die Kolonie führt, ist überdies nicht nachvollziehbar, wer seinen Müll dort ablädt – Interne oder doch vielleicht Externe? Wer auch immer, es ist ein Ärgernis.

»Sag mal, kriegst du eigentlich mit, wenn jemand seinen Krempel hier hinwirft?«, fragt er mich eines Tages.
»Eigentlich nicht. Bis auf einmal, da habe ich ein älteres Ehepaar dabei erwischt, wie sie hier Gartenabfälle abgeladen haben. Der Mann meinte, es sei okay, weil das doch alle machen.«
»Kanntest du die beiden?«
Ich schüttele den Kopf. »Nie vorher gesehen.«
»Verdammt, allmählich bin ich das wirklich leid«, schimpft Fritz erbost, »am liebsten würde ich die Hälfte der Bande rausschmeißen!«

Ich bin verdutzt. »Wie – denkst du, das waren Leute hier aus der Kolonie?«

»Klar! Du glaubst ja gar nicht, was für Penner wir im Verein haben!«

Er erzählt mir ein paar Anekdoten, bei denen es mir fast die Sprache verschlägt. Offensichtlich ist es mit dem Frieden unter den Laubenpiepern nicht so weit her, wie ich dachte. Der eine hat spielende Kinder im Garten, der Nachbar besteht auf seiner Mittagsruhe … Oder es fliegen Unkrautsamen von einer Parzelle in die andere, weil der Nachbar nicht so oft jätet … Und wenn man seinen Nachbarn so überhaupt nicht mag, kübelt man nachts schon mal den Rasenschnitt über den Zaun auf das hübsche Blumenbeet oder vergiftet junge Gemüsepflanzen mit Chemikalien.

Ich wusste ja schon immer, dass ein hoher, blickdichter Zaun eine gute Erfindung ist – und das sehe ich durch Fritz' Horrorgeschichten gerade bestätigt.

»Und die Gemeinschaftsstunden«, stöhnt er. »Das ist das Allerschlimmste! Ich teile die Idioten ein, sage ihnen, welche Gruppe was zu machen hat, und dann fahre ich ständig hin und her, um die zu kontrollieren.«

»Die werden doch wohl wissen, wie man Unkraut zupft!«

Fritz rauft sich buchstäblich die Haare. »Theoretisch ja. Aber wenn ich nicht aufpasse, sitzen die nur auf ihren Ärschen herum, rauchen und schreiben sich hinterher vier Stunden auf, ohne dass sie auch nur einen einzigen Halm ausgerupft haben. Die Zigarettenkippen lassen sie natürlich liegen. Und wenn ich besonderes Glück habe, auch noch leere Bierpullen. Schlimmer als Kinder! Und jetzt diese wilde Müllkippe hier – ich hab echt die Schnauze voll. Beim nächsten Mal kandidiere ich nicht mehr für den Vorsitz. Ich hab keine Lust, mir von denen die Nerven kaputt machen zu lassen.«

Ich bin ehrlich überrascht, denn Fritz ist richtig wütend.

»Könnt ihr nicht den Eingang dichtmachen?«, schlage ich vor. »Setzt doch einfach ein Stück Zaun dahin, wo früher das Tor war.«

Er nickt nachdenklich. »Stimmt. Aber als Nächstes lagern wir erst mal den Gemeinschaftsstrauchschnitt hier zwischen, bis er entsorgt wird. Wir legen das Gestrüpp aber nicht nach vorne, das würde vom Eingang aus nicht gut aussehen.« Er deutet mit einer vagen Geste neben sich. »Wir legen es hier ab.«

Ach, tatsächlich? Damit *ich* es besser sehen kann? Damit *ich* von meinem Liegestuhl aus den Panoramablick auf einen Riesenhaufen Gestrüpp habe?

Meine Augenbrauen schießen so hoch, dass sie unter meinen Haaren verschwinden.

Fritz guckt erstaunt, und dann merkt er, was er gesagt hat. »Oh, öööh, dann ist es für dich ja doof, stimmt. Hm …«

In diesem Moment habe ich einen Geistesblitz.

Ich erzähle ihm, dass ich sowieso an dem Problem herumkaue, wie ich meine Parzelle vor dem wild wuchernden Unkraut aus dem Nachbargarten schützen kann, das munter durch den Maschenzaun wächst. Ich muss es Fritz gegenüber nicht explizit aussprechen, aber eigentlich hat der Verein hier ein Problem: Laut Satzung ist jeder Pächter verpflichtet, seinen Garten so in Schuss zu halten, dass kein Unkraut von seinem in den Nachbargarten wuchern kann. Da die Parzelle nicht verpachtet ist, liegt die Verantwortung beim Verein …

Fritz nickt. »Das ist bestimmt ärgerlich für dich.«

»Genau. Man könnte aber den Strauchschnitt dazu benutzen, hier an der Grenze eine Totholzhecke anzulegen. Vorher müsste ein schmaler Streifen gerodet werden. Das übernehme ich gern. Ihr schlagt ein paar Pflöcke ein, und dann könnt ihr die Äste und Zweige zu einer Hecke stapeln. Die Entsorgung würde doch Geld kosten, oder? Der Verein könnte also zwei Fliegen mit einer Klappe schlagen: Das Gestrüpp hat noch einen Sinn, und ihr spart die hohen Gebühren für den Abtransport. Wäre doch super.«

… und ich mache euch nicht die Hölle dafür heiß, dass die Ackerschachtelhalm-Plantage nebenan kurz davor ist, meine Parzelle auch noch zu übernehmen, füge ich in Gedanken hinzu.

»Nicht schlecht«, sagt Fritz anerkennend. »Kennst du dich mit so was aus?«

»Nicht wirklich. Aber ich habe es bei mir im Garten schon versucht.«

Ich bitte den Vorsitzenden über den Zaun, präsentiere die beiden Heckchen, die ich mit dem Schnittgut aus meinem Garten angelegt habe, und halte einen kleinen Stegreif-Vortrag über Naturschutz und die süßen Igel, die darin überwintern.

Er werde das mal mit den anderen besprechen, verspricht Fritz und verabschiedet sich.

Zwei Tage später taucht Heinz am Zaun auf.

»Der Fritz sagt, du willst den Strauchschnitt haben?«

Äh … wie bitte?

Ich erzähle in klaren, möglichst einfachen Worten von mei-

nem Gespräch mit Fritz und der völlig unverbindlichen An-
regung meinerseits, der Verein könne die Zweige für eine
Totholzhecke verwenden, um die Entsorgungskosten zu
sparen. Und damit ich nicht gezwungen bin, eine chemische
Keule einzusetzen, um mir das Unkraut vom Hals zu halten.
Ich zeige ihm ein Bild von einer derartigen Hecke, das ich im
Internet gefunden und ausgedruckt habe.

»Das Zeug muss sehr sorgfältig gestapelt werden«, sage ich,
»das darf man nicht einfach auf einen Haufen werfen.«

»Hm, hm«, macht Heinz und stürzt sich in eine ausufernde
Geschichte über einen anderen Kleingartenverein, bei dem
auch als Gemeinschaftsprojekt eine Totholzhecke gebaut
wurde. Kaum zu glauben, welchen Schrott diese Idioten
dazu verarbeitet hätten. »Plastiktüten! Restmüll! Altkleider!
Kannst du dir das vorstellen?«

Nein, kann ich nicht.

Das kann ja heiter werden, denke ich.

Aber noch ist es nicht so weit. Erst muss der Vorstand das
Projekt beschließen, dann rode ich den Grenzstreifen, dann
gibt es vielleicht irgendwann die Stützpflöcke – und dann
packe ich auch gern mit an und erkläre den anderen, wie das
Gestrüpp bearbeitet werden muss.

Drei Tage später – es ist Samstagvormittag. Ich habe für ein
schönes Frühstück im Garten eingekauft und bin etwas später dran als gewöhnlich. Anke ist mit ihrem Gatten unterwegs, der gerade mal an Land weilt.

Auf dem großen öffentlichen Parkplatz gegenüber von meinem Garten stehen Schubkarren mit Strauchschnitt herum,
aber keine Menschenseele weit und breit. Seltsam. Ich gehe

in den Garten und entdecke zu meinem größten Erstaunen auf der Nachbarparzelle, dicht an meinem Zaun, einen wilden Haufen Zweige.

Was soll das denn? Eigentlich unvorstellbar, dass der Vorstand innerhalb von drei Tagen den Bau einer Totholzhecke beschlossen und organisiert haben soll – aber was weiß ich schon? Vielleicht sind die ja manchmal schneller, als ich mir in meinen kühnsten Träumen ausmalen kann. Leider ist niemand da, den ich fragen könnte.

Ich spanne meinen Sonnenschirm auf und decke in seinem Schatten den Frühstückstisch. Ich vertiefe mich in die Wochenendausgabe der örtlichen Tageszeitung und genieße mein Brötchen mit Fleischsalat, als nebenan zwei mir völlig unbekannte Frauen erscheinen, die weitere Zweige heranschleppen und sie zu den anderen auf den Haufen werfen.

Ich schlendere mit meiner Kaffeetasse zum Zaun, wünsche einen guten Morgen und frage höflich nach, was sie da machen.

»Was ist das denn für eine Frage? Das ist der Strauchschnitt, den Sie haben wollten«, sagt die Jüngere der beiden, ohne meinen Gruß zu erwidern. (Allein die Tatsache, dass ich gesiezt werde, hätte mich warnen sollen …)

»Den ich haben wollte?«, kann ich nur blöd wiederholen.

»Genau. Aber ich frage mich, wie Sie daraus einen Zaun flechten wollen. Das Zeug ist doch völlig trocken.«

Sie sieht mich herausfordernd an und scheint zu erwarten, dass ich einen geheimen Zaubertrick aus der Hüfte schieße, wie man totes Holz wieder zu biegsamem Leben erwecken kann.

»Das ist ein Missverständnis«, beginne ich, werde aber abrupt durch das Auftauchen einer weiteren, mit Zweigen beladenen Lady unterbrochen.

Als sie mich am Zaun entdeckt, schnappt sie nach Luft und keift: »Ah, da ist sie ja endlich!«

Der Zusatz »die feine Dame« schwebt unausgesprochen, aber deutlich sichtbar in der Luft.

Ihre unverhohlene Aggressivität lässt mich unwillkürlich einen Schritt zurückweichen. Wer ist diese Frau? Sie ist um die siebzig, klein und drahtig, und ich habe sie noch nie gesehen.

»Schön, dass die Dame auch endlich mal auftaucht«, meckert sie weiter, »das könnte der Dame so passen, dass wir für sie die ganze Arbeit machen!«

Sie wirft ihren Ballast auf den Haufen, stemmt die Hände in die Seiten und funkelt mich angriffslustig an.

Abgesehen davon, dass ich es geradezu unverschämt finde, über mich in der dritten Person zu reden, während ich vor ihrer Nase stehe, fühle ich mich von der Dynamik der Ereignisse unangenehm überrollt. Ich zähle innerlich langsam bis zehn, denn sonst könnte es passieren, dass ich der Lady eine Lektion über höfliches Benehmen verpasse – egal, wie alt sie ist.

»Guten Morgen erst einmal. Welche Arbeit genau machen Sie denn für mich?«, frage ich freundlich lächelnd und mit sanfter Stimme, nachdem ich sicher bin, kein Bedürfnis mehr zu haben, sie für ihre zweifelhaften Umgangsformen zu maßregeln.

»Das sehen Sie doch!«, schnappt sie und deutet auf den Gestrüpphaufen. »Heute haben alle zur Gemeinschaftsarbeit anzutreten. Wir schleppen Ihr Zeug durch die Gegend, und was machen Sie? Stehen hier herum, trinken Kaffee und lassen uns schuften!«

Mein Zeug? Gemeinschaftsarbeit?

Es scheint an der Zeit zu sein, dass ich hier mal etwas klarstelle, aber womit beginnen? Ich entscheide mich für den Vorwurf, ein Drückeberger zu sein.

»Entschuldigen Sie bitte, aber mein Anteil an der Gemeinschaftsarbeit besteht darin, den Parkplatz und die Hecke vor meiner Parzelle in Ordnung zu halten.«

Das habe ich natürlich blöd formuliert, denn die von mir zu pflegende Rasenfläche vor meinem Tor ist kein offizieller Parkplatz – dafür aber der asphaltierte Platz auf der anderen Seite der schmalen Straße, an der meine Parzelle liegt. Ohne es zu wollen, habe ich ihr damit eine Steilvorlage geliefert.

»Und warum sind Sie dann nicht auf dem Parkplatz?«, schreit sie triumphierend. »Wir sind schon seit zwei Stunden dabei, und Sie tauchen jetzt erst auf! Sie wollten das Gestrüpp doch haben! Und jetzt stehen Sie hier mit Ihrer Kaffeetasse …«

Den Rest ihrer Tirade bekomme ich lediglich am Rande mit, weil ich von Fritz abgelenkt werde, der im Hintergrund durchs Bild radelt. Auf meine Rufe hin winkt er mir nur freundlich zu, hebt den Daumen und fährt weiter – vermutlich zur Kontrolle der anderen Arbeitsgruppe, nachdem er sich vergewissert hat, dass es hier so dufte läuft …

Die kleine, wütende Frau spuckt noch ein verächtliches »Typisch!« in meine Richtung und verschwindet auf Nimmerwiedersehen.

Typisch?

Typisch für wen oder was?

Die beiden anderen Frauen lächeln beinahe entschuldigend und gehen ebenfalls. Vom Parkplatz wehen Gesprächsfetzen zu mir herüber. Es hört sich an, als würde die ältere Lady eine flammende Protestrede gegen mich halten – beziehungsweise gegen meine Unverfrorenheit, mit einer Kaffeetasse am Zaun herumzulungern, während der Rest der Kolonie sich für meine Hecke den Rücken krumm schuftet.

Während der nächsten Stunde kommen immer wieder Leute und laden Astwerk und Zweige ab. Sie spähen neugierig zu mir herüber, halten sich aber mit Kommentaren zurück.

Für diesen Tag habe ich die Nase gründlich voll vom Vereinsleben und bleibe unter meinem Schirm sitzen – in sicherer Entfernung. Ich greife nur dann ordnend ein, wenn der Haufen zu nah an meinen Zaun gerät. Gegen Mittag scheint der Arbeitsdienst beendet, und es wird still nebenan.

In den frühen Abendstunden taucht dann ein Mann auf der Nachbarparzelle auf, der sich den mittlerweile gut zwei Meter hohen, vier Meter langen und drei Meter breiten Haufen Totholz besieht.

»Moin. Da hast du dir aber was vorgenommen«, ruft er mir zu, als er mich an meinem Zwiebelbeet entdeckt. »Du bist doch die …« Er bricht ab.

Wieder hängt etwas unausgesprochen, aber deutlich sichtbar in der Luft. Diesmal ist es *die, die unbedingt das Gestrüpp haben wollte und dann keinen Finger krumm gemacht hat*, aber vielleicht tue ich ihm auch unrecht, und es ist nur *die*

Schriftstellerin mit dem Naturgarten. Was es auch sein mag – mir reicht es.

»Nur zu deiner Information: Ich habe mir überhaupt nichts vorgenommen, und es würde mich mal interessieren, wieso jeder glaubt, dass *ich* das hier veranlasst habe!«

»In der Kolonie heißt es, du willst unbedingt den Strauchschnitt haben, und dann hast du noch nicht mal mitgeholfen. Die Frauen sind ganz schön sauer auf dich.«

Die Frauen? Welche Frauen? Mein Blutdruck steigt auf hundertachtzig.

»Was meinst du mit: *In der Kolonie heißt es?* Ich habe mit dem Haufen hier nicht das Geringste zu tun. Überdies hat mich niemand informiert, dass heute diese Aktion geplant ist.«

»Ehrlich nicht? Fritz hat gesagt …«

»Was hat Fritz gesagt? Hast du mit ihm gesprochen?«, grätsche ich ihm ins Wort.

»Äääääh … nee … nicht persönlich. Aber der Hans hat gesagt, die Marianne hätte von der Uschi gehört, dass der Fritz zu jemandem gesagt hat, der Verein will hier so Pflöcke setzen, und dann willst du eine Totholzhecke bauen.«

Wie bitte?

Wer sind denn jetzt schon wieder Hans, Marianne und Uschi? Immerhin extrahiere ich aus dem Wust überflüssiger Informationen, dass der Verein Pflöcke setzen will. Aber trotzdem …

»Stimmt nicht«, sage ich. »Völliger Quatsch. Ich habe Fritz lediglich vor ein paar Tagen einen Vorschlag gemacht, wie der Verein das Gestrüpp nutzbringend einsetzen und die hohen Entsorgungskosten vermeiden kann. Mehr nicht. Weder habe ich gesagt, dass *ich* die Hecke bauen will, noch wollte *ich* den Strauchschnitt haben. Könntest du das bitte bei Gelegenheit gegenüber den anderen klarstellen?«

»Äh … mache ich«, beeilt er sich zu versichern. »Schönen Abend noch«, fügt er hinzu und macht sich eilig vom Acker, um der Mordlust in meinen Augen zu entkommen.

Ich bleibe nachdenklich zurück.

Soso, *die Frauen* sind also sauer auf mich.

Das alles dürfte mich in den Stand der *arroganten* Schriftstellerin mit dem Naturgarten erhoben haben, schätze ich. Ich nehme mir vor, diesen Titel wie einen Orden zu tragen.

Außerdem habe ich eine Lektion gelernt: Wie überall auf der Welt funktioniert auch hier der Klatsch wie bei der »Stillen Post« – einer sagt etwas, und am anderen Ende der Informationskette kommt etwas vollkommen anderes an.

Kapitel 12

Material- und Informationsbeschaffung
oder
»Da kannst du Marmelade von machen«

Wenn man sich erst einmal damit beschäftigt, wird einem rasch klar, dass man eine Menge Zeit und einen Haufen Geld in einen Kleingarten investieren kann, und zwar mühelos.

Plötzlich ist man sensibilisiert und sieht zum Beispiel überall Zeitschriften und Magazine, die sich einzig und allein mit diesem Thema beschäftigen. Und zwar nicht nur allgemein, sondern mit jedem nur vorstellbaren Spezialgebiet: Staudenbeete, Terrassen, Gemüsegärten, Gewächshäuser, Naturgärten, Parkanlagen, Ideen zum Selberbauen mit ausführlichen Anleitungen und immer so weiter. Monat für Monat steht man in den Zeitschriftenläden vor diesem schier umwerfenden Angebot und muss sich entscheiden. Schlimm wird es, wenn sich die aktuelle Interessenlage (die bei mir ständig wechselt) über mehrere Hefte verteilt: In einem wird erklärt, wie man nach der Winterpause Sträucher schneidet, im nächsten die Nachzucht von Sommerblühern demonstriert, ein drittes beschäftigt sich schwerpunktmäßig mit dem Fruchtfolgewechsel im Gemüsebeet.

Was also tun? Drei Hefte kaufen?

Seien Sie versichert: Nach spätestens einem Jahr merkt man,

dass die Themen sich wiederholen. Ist auch logisch, denn weder der professionelle Rosenschnitt noch die Grundregeln der Rasenpflege werden dauernd völlig neu erfunden. Eine vernünftige Spezialausgabe zu diesen Themen reicht also für ein komplettes Gärtnerleben, ansonsten bedient man sich aus dem überraschend reichhaltigen Angebot der örtlichen Stadtbücherei, wenn man etwas Bestimmtes wissen will. Ich war höchst verblüfft, wie viel Fachliteratur es bei uns allein zum Thema Schrebergärten gibt.

Darüber hinaus findet sich natürlich im Internet alles, was man wissen will und muss, um die gepachtete Parzelle in eine blühende Oase zu verwandeln. Es gibt Websites von höchster wissenschaftlicher Fachkompetenz bis hin zu unzähligen Homepages von Privatleuten, die den interessierten Leser an jedem Schritt ihrer Gartenarbeit teilhaben lassen.

In unserem ersten Gartenwinter sind Anke und ich ständig auf der Homepage einer Familie zu Gast, die nicht weniger als drei nebeneinanderliegende Parzellen gepachtet hat – und deren Skurrilität uns in den Bann schlägt. Mutti, Vati, Oma und Opa haben ein ausgeprägtes Faible für Obst und Gemüse, was den Schrebergärten deutlich anzusehen ist: Keinerlei überflüssiger Zierat lenkt das Auge ab, weder Blumenbeet noch Rasenfläche blockieren kostbaren Platz für Nutzpflanzen, und bis auf drei oder vier Dahlien und ein paar Kaiserkronen mitten in den Gemüsebeeten (schrecken angeblich Wühlmäuse ab, weil sie giftig sind und dazu noch stinken) gibt es nichts Blühendes weit und breit. Bis auf die Blüten von Gemüsepflanzen natürlich.

Für Mußestunden haben sie einen windschiefen Campingtisch und uralte Klappstühle auf eine kleine Fläche aus festgestampfter Erde gestellt, das ist alles. Ein Zeichen dafür, dass sie den Garten nicht haben, um faul in einem Liegestuhl in der Sonne zu liegen und ein Buch zu lesen. Oder um sich dort auf andere Weise zu erholen oder zu entspannen. Aber was weiß ich schon? Wahrscheinlich habe ich einfach nur eine komplett andere Vorstellung von Entspannung als diese emsigen Gärtner.

Nun muss man der Familie neidlos zugestehen, dass sie vermutlich seit Jahren nicht mehr in der Gemüseabteilung von Supermärkten einzukaufen genötigt ist, weil sie sich komplett selbst versorgt – aber dafür schuften sie auch zu viert rund um die Uhr. Jeder Tag im Jahr, und ich meine: *jeder* Tag im Jahr, jedes Unkrautzupfen wird akribisch mit Fotos dokumentiert.

Besonders beeindruckt hat uns die Konsequenz, mit der Pflanzen mitleidlos aus dem Garten verbannt werden, wenn sie nicht den gewünschten Ertrag liefern: Ich erinnere mich an ein bedauernswertes Pfirsichbäumchen, das nicht sofort Früchte trug. Obwohl es recht proper aussah, wurde es – zack – ausgegraben und entsorgt.

Natürlich hat diese Familie auch jede Menge Spaß im Garten: Dazu gehört der jährliche Wettbewerb, wer den größten Kürbis züchtet (was ebenfalls detailliert dokumentiert wird). Jeder Wettbewerbsteilnehmer hat nur für diesen Zweck ein eigenes Gewächshaus und natürlich auch seine eigenen Tricks, um zu gewinnen.

Die Obst- und Gemüseernte – das ist die Aufgabe von Mutti und Omi – wird umgehend verarbeitet, eingelagert, eingekocht oder eingefroren. Die Familie ist im Besitz mehrerer riesiger Tiefkühltruhen, um zum Beispiel das in jedem Herbst vorgekochte »Krautgulasch« für den Winter zu lagern.

Gartenforen im Internet sind ebenfalls ein beliebter Tummelplatz für Hobbygärtner und alle, die es werden wollen. Man kann dort Mitglied werden und Fragen zu Problemen stellen, die anschließend von anderen Mitgliedern nach bestem Wissen und Gewissen beantwortet werden. Dann meldet sich zum Beispiel »Glockenblümchen« oder »Rosenfee1959« und lässt einen an ihren Erfahrungen mit kränkelndem Hibiskus oder vor sich hin mickerndem Kohlrabi teilhaben. Ob diese Ratschläge kompetent sind, vermag ich als Laie nicht einzuschätzen – und so ziehe ich es in vielen Fällen vor, einen Gartenfachbetrieb aufzusuchen, dessen Mitarbeiter ich um Rat fragen kann.

Natürlich sind Pflanzen dort etwas teurer als im Discounter oder im Baumarkt, aber ich habe die Erfahrung gemacht, dass es sich wirklich lohnt, einige Euro mehr auszugeben, wenn man eine gesunde Pflanze haben möchte.
In meiner Lieblingsgärtnerei gibt es einen Mitarbeiter, dessen Kompetenz legendär ist: Er ist Inder, ein wenig schwer zu verstehen, und man muss oft lange darauf warten, dass er endlich Zeit hat, denn die Schar der Jünger und Bewunderer, die auf den Rat des Meisters hoffen, ist groß.
Einmal fahre ich dorthin, weil ich nicht nur einen bestimmten Strauch suche, sondern auch eine Auskunft brauche: In meinem Schrebergarten steht ein Baum, den weder Anke

noch ich kennen – von ihm habe ich zwecks Identifikation einen Zweig mitgebracht.

Den Strauch, den ich kaufen will, habe ich in einem Garten gesehen und mich sofort verliebt. Er blüht früh im Jahr, hat Dornen, kleine dunkelgrüne Blätter und hübsche Blüten in einem spektakulär leuchtenden Lachsrot: Es handelt sich um eine japanische Zierquitte, wie ich im Internet herausfinde. So eine will ich auch haben, und zwar pronto.

Und dieser geheimnisvolle Baum, von dem ich einen Zweig dabeihabe, hatte bei der Gartenübernahme blauschwarze Beeren und grüne Blätter, die sich im Herbst rot färbten. So weit, so normal. Im Frühjahr bekommt er dann plötzlich rote Blätter und weiße Blütendolden. Anke und ich sind verwirrt: Ob er krank ist? Sollten die Blätter nicht grün sein und sich dann später, im Herbst, rot färben?

Während ich auf den indischen Gartengott warte, sehe ich mich um und bin spontan froh, nicht über ein unbeschränktes Budget zu verfügen, denn ich könnte problemlos den kompletten Laden leer kaufen. Allein das Angebot an Obstbäumen, die bereits eine ansehnliche Größe erreicht haben, lässt mir das Wasser im Munde zusammenlaufen …

Endlich bin ich an der Reihe. Ich halte dem Fachmann den weiß blühenden Zweig mit den roten Blättern unter die Nase, und er muss nicht eine Sekunde nachdenken.

»Das ist Kupfer-Felsenbirne«, sagt er, »wird später grün und kriegt viele Beeren, erst orange und dann schwarz. Leckere Beeren, ganz süß – kannst du Marmelade von machen.«

Ach, tatsächlich? Diese Beeren erfreuen sich bei meinen gefiederten Freunden größter Beliebtheit, und jetzt weiß ich auch, warum: Sie sind lecker.

Der Inder wieselt vor mir her durch die Gärtnerei und zeigt schließlich auf einige schmächtige Büschlein, die auf Käufer warten.

»Da. Kupfer-Felsenbirne.«

»Vielen Dank, ich möchte keine kaufen. Ich habe eine im Garten, mindestens vier Meter hoch. Aber ich bin auf der Suche nach einer japanischen Zierquitte – davon möchte ich gern eine mitnehmen.«

Wieder rast er los, dass ich kaum Schritt halten kann, und wieder zeigt er schließlich auf eine Pflanze.

»Japanische Zierquitte«, rasselt er herunter, »blüht schon März. Kriegt gelbe Früchte, aber Achtung: Sind roh bisschen giftig. Macht aber nix, kannst du kochen und Marmelade von machen.«

Wetten, der freundliche Inder macht aus allem Marmelade? Glücklich ziehe ich mit meiner Neuerwerbung ab. Inzwischen ziert sie meinen Garten und zaubert brav im März Farbe in die Landschaft, umringt von büschelweise Traubenhyazinthen. Zwar bilden sich auch Quittenansätze, doch die reifen im ersten Jahr nicht aus, sondern fallen irgendwann vom Strauch ab.

Vielleicht braucht die Zierquitte einfach ein wenig Zeit, um sich einzuleben, bevor sie jede Menge Früchte bekommt – die wir dann zu Quittengelee verarbeiten werden, das haben wir uns jedenfalls fest vorgenommen. Es sei denn, sie schmecken irgendeinem unserer Mitbewohner besonders gut …

Nicht nur Besuche in Fachgärtnereien sind dazu geeignet, mühsam Erspartes loszuwerden, auch Baumärkte können eine ewige Quelle der Verführung sein.

In einem Kleingarten hat man einen erstaunlich hohen Bedarf an Baumaterial, das wird mir rasch klar. Wir zimmern Hochbeete und Rankobelisken, konstruieren Sitzgelegenheiten und Unterstände für Tomaten und anderes Gemüse – und irgendwann bauen wir tatsächlich (mit männlicher Hilfe) ein beeindruckendes Vordach für die Hütte. Jedes Brett kostet bares Geld – und je haltbarer das Holz, desto teurer ist es natürlich. Nehme ich den Billigbalken aus unbehandeltem Fichtenholz, der mir ratzfatz vergammelt, oder investiere ich in einen (falsch – es werden immer mehrere gleichzeitig gebraucht!), der zigfach imprägniert ist und nicht nur den Elementen, sondern vermutlich auch einem Atomkrieg standhalten würde?

Baumärkte haben meist riesige Abteilungen, in denen sündhaft teure Gartenmöbel, Pavillons aus Holz oder Metall, mehrstöckige Brunnen, »alles für den Swimmingpool«, griechische Statuen, Gartenbeleuchtung und vieles, vieles mehr angeboten wird, von dem man weder weiß, dass es so etwas gibt, noch denkt, dass man es braucht, bevor man davorsteht und fassungslos das Preisschild entziffert.

Vierstellige Summen in einen Garten zu investieren ist überhaupt kein Problem. Legen Sie doch einfach einen idyllischen Bachlauf an und ergänzen ihn mit einer original japanischen Steinbrücke, die sich anmutig über das munter plätschernde Gewässer wölbt. Oder Sie entwickeln ein Faible für Marmorstatuen griechischer Götter und Nymphen, die malerisch im Farn stehen …

Wesentlich günstiger und praktischer ist es jedoch, einen unkonventionellen Geschmack zu haben und glücklich mit einem Bündel Treibholz vom Strandspaziergang zurückzukehren und daraus dekorative Elemente zu kreieren, die nicht nur wunderschön aussehen, sondern auch einzigartig sind, weil es sie nirgends zu kaufen gibt.

Einen Wunsch habe ich allerdings, der sich so schnell nicht erfüllen lassen wird. Um ehrlich zu sein: Er wird sich niemals erfüllen lassen. Ich hätte zu gern eine Bank, die rund um einen dicken Baumstamm gebaut ist – und dazu fehlt mir leider der passende Baum …

Kapitel 13

Männersuche, die Dritte: LonesomeRider

oder
Wie schwierig es sein kann, sich mit dem spontanen Micky zu verabreden

Micky ist auch einer derjenigen, die mir zunächst ein Schmunzeln schicken – daran werde ich mich wohl nie gewöhnen, dass die Jungs nicht einfach ein paar Zeilen schreiben. *Hallo, ich finde Dein Profil interessant. Sollen wir mal Kontakt aufnehmen?* So oder so ähnlich. Aber nein, die Kerle verstecken sich hinter dem Schmunzeln und lassen die Frau aktiv werden.

Micky, der sich *LonesomeRider* nennt, hat allerdings einen Vorteil: Er wohnt nur ein paar Kilometer von mir entfernt und macht auf den eingestellten Fotos einen netten Eindruck. Er sieht ein wenig rockermäßig aus.
Ich schreibe ihm eine Mail, erzähle ein bisschen was über mich und sage, dass ich ihn durchaus interessant finde.
Die Antwort kommt schnell: *LonesomeRider* ist geschieden und hasst seine Ex. Nun gut. Und ihretwegen geht er nicht arbeiten (jedenfalls nicht offiziell), sondern lebt von staatlicher Unterstützung, damit er ihr nix zahlen muss. Ansonsten arbeitet er schwarz, und zwar jeden Tag. Auf Baustellen.

Ääääh – na gut.

Er sei deswegen auch schon als »Frauenhasser detailliert« worden, schreibt er. Ich gerate ins Grübeln. Was er wohl meint? Tituliert? Deklassiert? Denunziert? Ich finde keine Antwort. Ob ich Gerdi mal danach frage?

Anke lacht sich halbtot, als ich ihr davon erzähle.

»Geht ja gar nicht«, sage ich.

»Was? Dass er ein Frauenhasser ist? Oder dass er das falsche Wort benutzt hat?«

»Wer nichts davon versteht, sollte die Finger von Fremdwörtern lassen«, gebe ich streng zurück.

»Du arrogante Schriftsteller-Tussi!«, ruft Anke und boxt mir gegen den Arm. »Willst du einen Menschen etwa danach beurteilen?«

Pflichtbewusst schäme ich mich für meine Überheblichkeit und beschließe, *LonesomeRider* eine Chance zu geben. Ich antworte ihm, erzähle von meinem Schrebergarten und frage ihn – mehr oder weniger unauffällig – nach seinem Traumgarten.

Die Hauptsache seien ein großer Grill und eine vernünftige Zapfanlage, lässt er mich umgehend wissen, »und eine schöne große Terrasse, auf der man feiern kann. Alles andere ist mir egal. Ob da Blumen sind oder Bäume oder Kartoffeln – das kannst Du entscheiden. Aber das muss sein: Samstags schön Bundesliga im Radio, lecker Bierchen trinken, ein paar Leute einladen … Den Grill mauere ich natürlich selbst – Du hast doch in Deinem Garten genug Platz dafür?«

Ups. Habe ich? Will ich das überhaupt? Will ich samstags im Garten die Radio-Konferenzschaltung der Bundesliga plärren haben, während der Kerl im Liegestuhl sitzt und darauf wartet, dass die Kohlen im Grill endlich die richtige Temperatur haben, damit er die Fleischbatzen auf den Rost werfen kann?

»Hab dich nicht so«, sagt Anke, als ich ihr von seinem Gartentraum erzähle, »dass er ein bisschen auf breitbeinig macht, ist er seinem Lonesome-Dingsbums-Image schuldig. Er will dir halt imponieren und beweisen, dass er ein ganzer Kerl ist! Männer sind so. Ist doch außerdem gar nicht schlecht: Er mauert uns einen Grill, und wir kriegen immer lecker zu essen.«

»Schwachsinn«, fauche ich. »Kindisch und dämlich.«

»Jetzt bleib mal locker. Triff dich mit ihm auf einen Kaffee, und dann kannst du immer noch entscheiden, ob das was werden kann.«

»Meinst du?«

»Meine ich.«

In meiner Antwort an ihn deutete ich also an, dass man sich ja mal treffen könne.

Er sei »an einem gegenseitigen Kennenlernen nicht abgeneigt«, lässt er mich flott wissen (ich knirsche leicht mit den Zähnen – aber nur *ganz* leicht, ehrlich!) und schlägt als Treffpunkt sein Stammbistro in der hiesigen Innenstadt vor, dort sei er häufig zu Gast. Eigentlich sogar täglich. Ganz bestimmt aber sonntags, und zwar bei Thommy an der Theke im Raucherbereich. Meist nachmittags. Da könne ich ihn finden.

Hm. Sein Stammbistro also ...

Und dann schlage ich dort auf und werde nicht nur von Thommy, sondern auch noch von seinen unauffällig plazierten Kumpels abgecheckt, oder wie darf ich mir das vorstellen?

Mal ehrlich: Bin ich paranoid?

Eine erste Verabredung stelle ich mir deutlich individueller vor, als dass der Mann sowieso an der Theke sitzt, an der er immer sitzt, und ich mich dazuhocke. Zu ihm *und* Thommy. Und zu sonst wem, von dem ich nichts ahne. Auch vom Termin her darf es für meinen Geschmack gern präziser sein.

Anke ist meiner Meinung, sowohl die Paranoia betreffend als auch, was den diffusen Sonntagnachmittag angeht.

»Du hast ein Recht auf ein Treffen zu zweit«, bestimmt sie rigoros, »ohne zusätzliche Beobachter befürchten zu müssen. Spinnt der Typ?«

Jetzt bin ich diejenige, die abwiegelt. »Ich mache ihm einen anderen Vorschlag. Für ein Treffen, das nicht in seinem Stammladen stattfindet.«

»Am Nachmittag sieht es bei mir schlecht aus«, antworte ich, »zu viel am Schreibtisch zu tun. Aber wie wäre es Sonntagmittag um eins am Fischimbiss am Hafen?«

Konkreter Ort, konkrete Zeit.

»Gerne!«, antwortet er begeistert und kündigt an, irgendwann am Mittag dort auftauchen zu wollen.

Äh – irgendwann? Was denn mit dreizehn Uhr sei, will ich umgehend wissen.

Er sei ein spontaner Typ, und man wisse ja nie, ob nicht noch was dazwischenkomme, teilt er mir mit.

Kann ja wohl nicht wahr sein. Wenn ich um eins ein Date habe, KANN nichts dazwischenkommen – dachte ich jedenfalls immer. Klar, ich kann vom Auto überfahren werden, oder ein Baum kippt um und fällt mir auf den Kopf.

Aber bei ihm hört sich das so an, als könnte ja vielleicht noch ein besseres oder interessanteres Angebot des Weges kommen …

Um es abzukürzen: Micky und ich haben uns nie getroffen. Es gab etliche Vorschläge, die wegen Kurzfristigkeit und weil einer von uns nicht rechtzeitig nach einer Nachricht vom anderen geguckt hat, nicht umsetzbar waren. Mickys »Angebote« bewegten sich grundsätzlich in der Wahrscheinlich-bin-ich-mittags-am-Fischimbiss-am-Hafen-Zone, bis mir irgendwann der Kragen platzte. Ich erklärte ihm, dass ich ungeachtet der Tatsache, dass ich zu Hause an meinem Schreibtisch arbeitete, keine Zeit zu verplempern hätte – und schon überhaupt nicht damit, irgendwo darauf zu warten, ob und wann er auftaucht.

Er sei halt ein sehr spontaner Typ, antwortete er.

Vielleicht sollte ich den selbstgewählten Pseudonymen doch ein wenig mehr Aufmerksamkeit schenken, nehme ich mir für die Zukunft vor. *LonesomeRider* – das sagt eigentlich alles, nicht wahr?

Hätten da nicht sofort meine Alarmglocken schrillen müssen?

So wie sie es bei *Der Lady-Shaver* automatisch taten oder bei *badboy007* oder *Heiratsmuffel* oder *satansbraten* oder *Lecker69* oder *LongTail* oder *ichbeglückedichbisduschreist* oder

SuperStehvermögen oder *LackschuhLover* oder … oder … oder …

Ich darf versichern: Diese Liste ließe sich endlos fortsetzen. Ist doch eigentlich klar, dass jemand, der sich *Lonesome-Rider* nennt, auch glaubt, sich wie einer verhalten zu müssen. Oder besser: zu dürfen. Vielleicht denkt er, Frauen stünden auf diese Attitüde. Und wahrscheinlich gibt es tatsächlich genug, die das tun und ihn für cool halten.

Was Micky spontan nennt, nenne ich unhöflich und respektlos. Folgerichtig erhielt er von mir folgende Ansage: *Micky, so kann das nicht funktionieren. Deine Angaben, wo Du wann bist, sind viel zu vage, als dass ich auf Verdacht »um die Mittagszeit« oder »danach« irgendwohin gurke, so gern ich Dich auch kennenlernen würde. Wenn, dann verabreden wir uns zu einem festen Zeitpunkt.*

Ich habe nie wieder von ihm gehört. Sicher hat er inzwischen einen anderen Grill gefunden – oder einen Garten, in den er einen mauern kann.

Kapitel 14

Schädlinge und Nützlinge: tierische Mitbewohner

oder

Autofahrt mit Nacktschnecken

Als ich mich über Nützlinge und Schädlinge im Garten informiere, sehe ich mich in meinem Konzept, keinen penibel aufgeräumten und ordentlichen Garten haben zu wollen, zu hundert Prozent bestätigt.

Die vielen geflügelten und vierbeinigen kleinen Helferlein benötigen eine gewisse »Unordnung«, um sich überhaupt im Garten anzusiedeln. Das im Herbst herabgefallene, nicht entsorgte Laub dient nicht nur dem Schutz des Bodens, sondern auch als Rückzugs- und Winterquartier für verschiedene Nützlingsarten. Viele Insekten und Spinnen überwintern auch in abgestorbenen Blütenständen und Samenkapseln von Stauden und Einjahresblumen. So kann die kleine Armee im Frühjahr direkt loslegen, wenn die Schädlinge ihr zerstörerisches Werk beginnen wollen!

Jeder Gärtner fürchtet die Nacktschnecke, die meist abends, nachts und bei Regenwetter unterwegs ist, weil starke Sonnenstrahlung sie austrocknen würde. Die Mistviecher stürzen sich auf jedes Blattgrün, dessen sie habhaft werden können, und sind imstande, über Nacht komplette Beete kahlzufressen. Abends bewunderst du noch deine wunderschöne

Funkie mit ihren prachtvollen Blättern oder deine zarten Gemüse- und Salatpflanzen – am nächsten Morgen ist alles komplett zerlumpt und zerlöchert. Da hört selbst bei mir der Spaß auf!

Es gibt Gärtner, die Bierfallen benutzen, um die Plage zu bekämpfen. Dafür konstruiert man einen mit Bier gefüllten Swimmingpool für die schleimigen Kriecher, zum Beispiel einen Pflanzenuntersetzer, den man in die Erde setzt. Die Schnecken werden vom leckeren Duft des Bieres angelockt, fallen in den Pool und ertrinken. Ein schöner Tod, mag so mancher Biertrinker jetzt denken. Einen Haken hat diese Vorgehensweise allerdings: Der Biergeruch lockt auch sämtliche Schnecken aus den Nachbargärten zu einem fröhlichen Besäufnis an, und das will nun wirklich kein Mensch! Außerdem ist es eklig. Ich erinnere mich, vor etlichen Jahren im Blumenbeet eines Freundes auf eine Bierfalle gestoßen zu sein, die er offenbar vergessen hatte: In der gärenden Brühe dümpelten zahllose verwesende Schneckenleichen herum und verbreiteten einen bestialischen Gestank …

In einem Gartenblog finde ich einen Beitrag mit einem zusätzlichen Argument gegen die Bierfalle: In England beobachte man vermehrt betrunkene Igel – bekanntermaßen begeisterte Schneckenfresser –, die dann einschlafen, ohne sich einzurollen, und so zu leichter Beute für ihre Feinde werden! Das will ich auf keinen Fall – die Igel in meinem Garten sollen ein langes und glückliches Leben ohne kontaminierte Nahrung haben.

Auch sogenanntes Schneckenkorn finde ich nicht besonders schön: Das Gift wird ausgestreut, die Schnecken fressen es und verrecken daran. Weitere Tippgeber im Internet raten, man solle die Schnecken mit Salz bestreuen (qualvoller Tod) oder mit einem Spaten kurzerhand zerhacken – was aber eine ebenso grausame wie dumme Methode ist, da die Leiche sofort Artgenossen anlockt, die sich an ihr gütlich tun. Bäh!

Ich klage Heinz mein Leid, als er mal wieder am Zaun der Nachbarparzelle steht und Maulaffen feilhält.

»Schneckenzaun«, sagt er, »was anderes hilft nicht.«

Er erklärt, das sei eine Art Band aus Metall. Es werde um die Beete herum in die Erde gesetzt, rage etliche Zentimeter heraus und habe einen Überhang nach außen, über den die Schnecken nicht klettern könnten.

»Das sieht doch scheiße aus«, sage ich.

Heinz zuckt mit den Schultern. »Irgendwas ist ja immer. Wenn du die Schnecken ganz sicher weghalten willst …«

Außerdem ist es gefährlich, denke ich, jedenfalls für mich. Ich kenne mich und meine schon beinahe legendäre Grobmotorik: Ich stolpere, falle hin, knalle mit dem Kopf auf den dämlichen Schneckenzaun und treibe mir das scharfkantige Metall zentimetertief in die Stirn. Und dann liege ich da und blute mein schönes Beet voll. Im günstigsten Fall sterbe ich nicht, sondern behalte nur eine Narbe zurück, die mich wie Frankensteins Monster aussehen lässt.

»Und was kostet das so?«, frage ich trotzdem.

»So um die vier Euro den Meter, schätze ich.«

Ich sehe mich um und überschlage rasch, wie viele laufende Meter ich bräuchte. Es gibt ja nicht nur ein Beet, sondern

mehrere kleine, die zudem wellenförmige Ränder haben …
Und ich plane noch mehr …
Bei hundertfünfzig Metern und sechshundert Euro Materialkosten höre ich auf.

»Kommt nicht in Frage«, sage ich kategorisch. »Sonst noch irgendwelche Tipps?« Aber mit Bierfalle, Kochsalz, Schneckenkorn und Zerhacken brauche er mir nicht zu kommen, füge ich hinzu. Alles schon wegen zu hohen Ekelfaktors von der Liste gestrichen.

»Einsammeln und weit wegbringen«, sagt er todernst.

Ich forsche in seinem Gesicht nach einem Zeichen von Ironie, finde aber keins. Hätte mich auch gewundert.

»Einsammeln?«, wiederhole ich blöde.

Er nickt. »Genau. Wenn es regnet, gehst du in den Garten, pflückst die Viecher von den Blättern und sammelst sie in einem Eimer. Oder du legst in den Beeten Bretter oder Dachpfannen aus. Sieht auch nicht so doll aus, aber bei dir im Garten …«

Er verstummt abrupt, wird ein bisschen rot und guckt verlegen aus der Wäsche.

Schon klar, in meinem seltsamen *Naturgarten* macht ein herumliegendes Brett mehr oder weniger auch nichts mehr aus.

Heinz räuspert sich und fährt fort: »Unter den Brettern verstecken sie sich tagsüber, um sich vor der Sonne zu schützen. Du kannst sie dann einfach abpflücken, jede Menge von den Biestern. Musste mal ausprobieren. Wirst staunen.«

Ich probiere es aus, und ich staune.
Und zwar Bauklötze.

In den Gemüsebeeten lege ich Bretter aus und pflücke ohne Ende Schnecken, auch die eine oder andere Stunde im Regen verbringe ich damit. Es ist ein wenig eklig, aber mit Handschuhen geht es. Die Viecher saugen sich natürlich mit Macht am Holz fest, aber ich bin stärker. Sie kommen alle in einen Eimer, den ich mit ein paar leckeren Blättern ausgepolstert habe, damit sie nicht sofort wieder zum Rand hochkriechen und flüchten – Schnecken sind nämlich schneller, als man allgemein denkt.

Anschließend stelle ich den Eimer mit meiner Beute in den Kofferraum und fahre los, was die Tiere bestimmt ordentlich verwirrt, denn wie oft fährt die Durchschnittsschnecke schon Auto? Dann setze ich sie an irgendeiner kilometerweit entfernten Weide aus und wünsche ihnen noch ein schönes Leben.

Igel und Erdkröten, zu deren bevorzugten Speisen Schnecken gehören, sollen sich natürlich weiterhin bei mir wohl fühlen. Also biete ich ihnen nicht nur viele gemütliche Quartiere an, sondern lasse ihnen auch den einen oder anderen Schneckensnack übrig.

Die Wühlmäuse sind ein bekanntes Berliner Kabarett-Theater, aber auch ein weiterer ernstzunehmender Gegner im Garten.

Sie ernähren sich von Blumenzwiebeln und zarter Wurzelrinde – und sie graben Tunnel quer durch den Garten. Ständig stoßen wir beim Umgraben oder beim Anlegen neuer Beete auf Gangsysteme. Man kann sie zuschütten, und am nächsten Tag sind sie wieder freigelegt. Da ich gelesen habe, dass Wühlmäuse Narzissenzwiebeln hassen, schlage ich vor, alle Gänge, die wir finden, damit auszustopfen.

»Doofe Idee«, sagt Anke, »dann graben sie daneben oder darunter halt einen neuen Gang!«

Als Abschreckung gegen Wühlmäuse wird zum Beispiel das Halten einer »jungen, motivierten Katze« empfohlen, was aber natürlich nur dann funktioniert, wenn der Garten, in dem die Mieze aufräumen soll, direkt neben dem Haus liegt, in dem man wohnt. Und der einzige Kater, der ab und zu durch meinen Schrebergarten stromert, kackt höchstens mal mitten auf den Rasen, um zu demonstrieren, dass er der Boss im Kiez ist.

Vom Einsatz eines Hundes wird indes abgeraten, da die nicht zu unterschätzende Gefahr bestehe, dass er im Jagdeifer eine Spur der Zerstörung durch den Garten ziehe und ihn komplett umgrabe. Ich weiß genau, wovon die Rede ist: Wir hatten mal einen Jagdhund, und wenn der zu buddeln anfing, konnte das stundenlang so gehen …

In ländlichen Gegenden könne man hohe Holzstangen mit kurzem Querriegel als Jagdansitze für Mäusebussarde und andere Greifvögel aufstellen, lautet eine weitere Empfehlung. Tatsächlich sieht man diese Holzstangen hier in der Gegend auf zahlreichen Weiden stehen – mit Raubvögeln, die oben auf dem Querholz hocken und die Umgebung nach Beute abscannen.

Aber bei mir im Garten – ein wenig zu exzentrisch, finde ich. Im Moment bleibt nur die Hoffnung, dass der eine oder andere Mäusebussard, der über der Kuhweide nebenan unterwegs ist, vielleicht auch mal bei mir eine Maus picken kommt.

Um nützliche Insekten anzulocken, die sich um Schädlinge kümmern, kann man einiges tun, was auch noch gut aussieht. Blühende Blumen mit einfachen – also nicht gefüllten – Blüten sind schon mal ein guter Anfang. Die Nützlinge legen in den Blüten ihre Eier ab, und besonders die Larven räumen dann Blattläuse, Spinnmilben und sogar Schädlingslarven und Schnecken aus dem Weg.

Der letzte Schrei sind sogenannte »Insektenhotels«, die man ganz leicht selbst bauen kann und in denen sich die Nützlinge ansiedeln sollen. Dazu füllt man einen Rahmen – ähnlich einem Setzkasten – mit unterschiedlichen natürlichen Materialen: hohlen Pflanzenstengeln, Holzscheiben mit hineingebohrten Löchern oder auch porösen Ziegeln. Lücken zwischen verschiedenen Materialien füllt man mit Holzwolle, gebündelten Zweiglein, kleinen Steinchen oder Lehm. In den Hohlräumen nisten sich dann die Insekten ein und legen ihre Eier ab. Der Standort sollte sonnig und möglichst vor Wind und Regen geschützt sein.

Über einen Mangel an Insekten in meinem Garten kann ich wahrlich nicht klagen – auch ohne Insektenhotel.

Wenn ich im Spätsommer zwischen den beeindruckenden Stauden der gelben, honigduftenden Riesen-Goldrute und der zwei Meter hohen Sonnenbraut stehe (die es übrigens laut Fachliteratur in dieser Größe gar nicht gibt), summen Hunderte Hummeln, Bienen und Wespen so laut, als würde ein Geschwader Helikopter über mir kreisen.

Schmetterlinge – die ja sehr kurzsichtig sein sollen – flattern durch die Luft und setzen sich auf Sonnenhut und Sommerflieder, um Nektar zu tanken.

Einmal entdecke ich in einem Lavendelbusch eine Heu-schrecke – an sich nichts Ungewöhnliches, aber diese ist von einem so knalligen Pink, dass ich zuerst denke, ich hätte eine Halluzination. Aber nein: Sie sitzt wirklich dort und strahlt in diesem unglaublichen Neonpink vor sich hin.

Eine andere Heuschrecke, riesig groß und grün, finde ich eines Tages im schmalen Vorraum der Hütte, den ich wegen der vielen Fenster hochtrabend »Wintergarten« nenne. Sie ist in ein Blatt meiner Gurkenpflanze eingerollt, die sich an einem Regalbrett knapp unterhalb der Decke entlangrankt. Das muss man sich mal vorstellen: Die Heuschrecke liegt dort in der Sonne, das große Blatt um sich geschlungen wie eine kuschelige Wolldecke, und schnarcht selig vor sich hin. Das ist einer der Momente, in denen ich tatsächlich zögere, ein Tier aus seiner Ruhe zu reißen und an einen anderen Ort zu transportieren – der Anblick ist einfach zu rührend.

Kapitel 15

Die Party-Einladung

**oder
Dürfte ich vielleicht einen kurzen Blick
auf die Gästeliste werfen?**

Wir erinnern uns: Einer der Zwecke des Kleingärtnervereins ist die Förderung der Geselligkeit. Zwar habe
ich mir fest vorgenommen, um Partys und Feste in der Kolonie einen großen Bogen zu machen, doch es kommt, wie es
kommen muss. Eines schönen Sonntags Ende Mai taucht
Heinz bei uns im Garten auf. Zu meiner Überraschung
kommt er diesmal durchs Gartentor, allerdings ohne eine
Antwort auf sein »Hallo! Kann ich reinkommen?« abzu-
warten.

Durch die Art, wie er meine Parzelle betritt, bekommt sein
Besuch etwas Hochoffizielles – gepaart mit der ihm eigenen
Distanzlosigkeit.

Anke und ich sind gerade damit beschäftigt, ein Kunstwerk
aus Weidenruten anzufertigen.

»Moin! Ich hab was für euch!«, ruft Heinz enthusiastisch
und wedelt mit einem maigrünen Briefumschlag, den er mir
umstandslos in die Hand drückt.

Ich verkneife mir ein Grinsen, denn das Kuvert ist mit niedlichen Feen- und Blümchenaufklebern übersät oder Feen
mit Blümchen.

»Vielen Dank. Was ist denn da drin?«

Heinz strahlt mich erwartungsvoll an.

»Soll ich sofort reingucken?«, frage ich. Er nickt.

Der Umschlag ist nicht zugeklebt, und im Inneren steckt ein ebenfalls maigrünes Blatt. Ich falte es auseinander. *Tanz in den Juni bei Gerdi und Heinz!*, schnörkelt die goldene Schrift mich fröhlich an. *Nächsten Samstag ab 19:00 Uhr. Jeder bringt etwas mit!*

Weitere Aufkleber, diesmal mit Partymotiven: Sektgläser, lustige Lampions, Girlanden.

»Ihr kommt natürlich beide«, bestimmt Heinz.

»Oooooh … eine Paaarty …«, sage ich gedehnt. »Am Samstag? Äh, ich weiß gar nicht … ich habe meinen Terminkalender gar nicht dabei … das ist jetzt blöd. Wann müsst ihr denn Bescheid wissen, ob wir kommen?«

Anke – obwohl kerngesund – kriegt plötzlich einen schweren Hustenanfall, krümmt sich dramatisch zusammen, klammert sich haltsuchend an mir fest und zischt mir beschwörend ein Wort ins Ohr: »Clooney!«

Der Blumenmann! Genau!

»Das klingt aber überhaupt nicht gut«, sagt Heinz und sieht meine Freundin besorgt an.

Anke, die sich wie durch ein Wunder spontan wieder beruhigt, winkt lässig ab. »Hab mich nur verschluckt. Wir kommen gerne, vielen Dank.«

»Wegen dem, was ihr mitbringt … am besten Gerdi Bescheid sagen, die koordiniert das. Sonst haben wir da hinterher zwanzig Kartoffelsalate stehen. Hähähähä.«

»Hähähähähä.« (Anke und ich)

»Die Party machen wir jedes Jahr, warten schon immer alle drauf. Gerdi hat gesagt, ich soll ja nicht mit einer Absage von euch angetanzt kommen, sonst schickt sie mich gleich wieder los und lässt mich so lange nicht auf die Parzelle, bis ihr zusagt. Alle sind gespannt darauf, euch kennenzulernen. Wird Zeit, dass mal wieder frisches Blut *(zwinker, zwinker)* in die Versammlung kommt, sagt Gerdi. Hähähähä. Und wenn es regnet, gehen wir alle auf die Veranda und rücken ein bisschen zusammen.«

Es folgt eine virtuose Kombination aus »Hähähähä« und *zwinker, zwinker.*

»Na dann …«, sage ich.

Heinz guckt uns noch eine Weile beim Basteln zu, dann trollt er sich wieder, unsere herzlichsten Grüße an seine Gerdi im Gepäck.

Anke gibt mir mit dem Ellbogen einen ordentlichen Stoß in die Seite, kaum dass Heinz durchs Tor hinaus ist.

»Das ist doch *die* Gelegenheit! Und du wolltest schon absagen – du bist aber auch manchmal …« Sie mustert mich kopfschüttelnd.

»Und wenn er gar nicht auf der Party ist?«, maule ich und reibe die schmerzende Stelle an meinen Rippen.

»Und wenn er *doch* auf der Party ist?«, schießt sie zurück.

»Die Möglichkeit besteht immerhin. Und jetzt lass uns darüber nachdenken, was wir Leckeres fürs Buffet beisteuern können.«

»Natürlich Kartoffelsalat, was denn sonst?«

Zwei Stunden später begegne ich Gerdi; sie kommt mir entgegen, als ich gerade auf dem Weg zu ihr bin, nachdem Anke und ich unseren Kriegsrat mit einstimmigem Ergebnis beendet haben.

Heinz ist nirgends zu sehen, bestimmt ist er mit weiteren maigrünen Umschlägen in der Kolonie unterwegs.

»Moin, Gerdi«, begrüße ich sie.

»Moin …«, ihr Gesicht nimmt einen ratlosen Ausdruck an.

»Brenda«, souffliere ich.

Gerdi wird ein bisschen rot. »Ich weiß auch nicht, warum ich deinen Namen immer wieder vergesse …«

»Macht ja nix.«

»Zu dir wollte ich gerade, … Brenda.«

Ich grinse innerlich über das kleine Zögern vor meinem Namen. Viele Leute können sich einfach nicht daran gewöhnen, dass ich so heiße. Die meisten halten es für ein Pseudonym, besonders dann, wenn sie wissen, dass ich Bücher schreibe.

»Bestimmt wegen unseres Beitrags zu eurer Party«, sage ich.

»Also: Anke und ich bringen Minifrikadellen und Bulgursalat mit. Ist dir das recht, oder hat sich schon jemand anders dafür angemeldet? Dann überlegen wir uns eine Alternative, kein Problem.«

Gerdi plinkert ratlos mit den Augenlidern. »Bulgum? Was ist das denn?«

»Bulgur. Hartweizengrieß. So kleine Kügelchen, die gekocht werden. Zusammen mit Tomaten, Gurken, Frühlingszwiebeln und glatter Petersilie ergibt das einen köstlichen Salat.«

»Mal was anderes«, sagt Gerdi langsam.

Irgendwie sieht sie aus, als hätte ich Kaninchenköttel-Soufflé oder Fliegenpilzsuppe angekündigt.

»Kommen denn viele Leute?«, frage ich munter. »Damit ich weiß, wie groß der Salat sein soll.«

»Bestimmt so um die dreißig. Wir sitzen nett zusammen, die Männer grillen …«

… und die Frauen decken den Tisch und kümmern sich um den ganzen Rest, während die Jäger und Sammler um die offene Feuerstelle stehen, Bier trinken, schlauschwätzen und dem Fleisch beim Garwerden zugucken, denke ich. Ob mein George Clooney wohl auch so ist?

»Kommen die alle aus der Kolonie?«, forsche ich unauffällig weiter.

Meine Intention dürfte jeder verstehen: Je mehr Leute von Gerdis Handarbeitskränzchen – dies jetzt nur als Beispiel – bei der Party auftauchen, desto geringer ist die Chance, den Blumenmann zu treffen. Und ich kann ja schlecht von ihr verlangen, dass sie mir erst mal die Gästeliste vorlegt. Klar, oder?

Zu meiner Erleichterung nickt Gerdi. »Alle aus der Kolonie. Aber handverlesen.«

Ui – handverlesen! Krethi und Plethi werden offenbar nicht zu der Sommersause bei Gerdi und Heinz eingeladen …

Man darf gespannt sein.

Ich verabschiede mich von Gerdi, versichere ihr glaubhaft, dass Anke und ich uns auf ein schönes Fest freuen, und ziehe einigermaßen zufrieden ab.

Direkt nach dem Blumenmann zu fragen traue ich mich dann doch nicht.

Kapitel 16

Männersuche, die Vierte: Holger

oder
Professor Higgins lebt!

Warum Holger den Kontakt zu mir gesucht hat, ist mir bis heute ein Rätsel, denn gegensätzlicher können zwei Menschen nicht sein.

Wie auch immer: Ich erhalte eine Mail von ihm, dass er mich interessant findet. Mein Profil sei ihm vorgeschlagen worden, und es habe ihn neugierig gemacht.

Von den Fotos in seinem Profil lacht mir ein sehniger, braungebrannter Glatzkopf entgegen. Mal zeigt er sich in Profimontur mit Rennrad, mal mit Harpune in der Hand, mal befreit er sich nach der Landung gerade von seinem Fallschirm, mal posiert er im weißen Dress als Karatekämpfer. Selbstverständlich ist er Nichtraucher – im Gegensatz zu mir. Und mein Interesse an Sport beschränkt sich darauf, mit meinem Fahrrad gemütlich am Deich entlangzugondeln und mich über die Schafe zu amüsieren, um die ich herumkurven muss, weil sie mir im Weg stehen und vor sich hin blöken. Natürlich schwinge ich mich nur dann auf den Sattel, wenn das Wetter schön und der Wind nicht zu stark ist.

»Der kann bestimmt mit der Stirn Backsteine zertrümmern«, sage ich zu Anke, die nachdenklich die Fotos begutachtet.

»Der kann mit *jedem* Körperteil Backsteine zertrümmern.«
Anke sieht mich vielsagend an und grinst. »Den können wir
brauchen, wenn wir im Garten pflastern. Der hackt uns die
Waschbetonplatten locker mit der Handkante auf die richti-
ge Größe.«
»Was will der Typ von mir, kannst du mir das mal verraten?
Mich auf den rechten Pfad führen und zu einer sportbegeis-
terten, drahtigen Kampfmaschine umformen? So eine Art
Professor Higgins, der nach seinen Vorstellungen aus Eliza
Doolittle einen neuen Menschen gemacht hat?«
Anke prustet ihr Mineralwasser durch mein Wohnzimmer.
»Drahtige Kampfmaschine … ausgerechnet du! Ich werd
nicht mehr! Der beißt sich an dir die Zähne aus!«
»Möglicherweise findet er gerade den Gegensatz so span-
nend? Er will mich bestimmt in sein Wohnmobil locken und
zu einem Überlebenstraining in die Wildnis verschleppen.
Und als Erstes setzt er mich auf Diät und verbietet mir das
Rauchen.« Ich schaudere beim bloßen Gedanken daran.
»Das mit den Gegensätzen, die sich angeblich anziehen, ist
doch sowieso völliger Mumpitz«, konstatiert Anke. »Wie
soll das gehen? Er ist Frühaufsteher, Nichtraucher und Sport-
fanatiker. Da – er trainiert gerade für den Ironman auf Hawaii, schreibt er. Ich wette, der hat nicht mal einen Fernseher!
Worüber um Himmels willen wollt ihr euch unterhalten?«
Gute Frage – da muss ich ihr recht geben.
Trotzdem, ich will wissen, was dahintersteckt, und beantworte seine Mail.
Wir schreiben einige Male hin und her, und es ist sogar ganz
nett. Er interessiert sich für meinen Beruf – er erzählt von seinem. Schließlich tauschen wir unsere Telefonnummern aus.

Ich bin nicht gerade außer mir vor Aufregung deswegen, denn als Partner kommt er für mich auf keinen Fall in Frage. Ein Leben an Holgers Seite stelle ich mir ausgesprochen anstrengend vor. Entweder ich mache bei seinen Aktivitäten mit – oder ich bekomme ihn nie zu Gesicht, weil er seine gesamte Freizeit inklusive Urlaub auf dem Rennrad, am Fallschirm oder beim Training für Hawaii verbringt. Da kann ich auch gleich solo bleiben.

Aber das muss ja nicht heißen, dass er meinen Freundeskreis nicht bereichern könnte. Vielleicht können wir uns ab und zu treffen, wenn er gerade mal keine Lust hat, durch die Wüste Gobi zu joggen oder einen neuen Rekordversuch im Apnoe-Tauchen aufzustellen.

Deshalb bekommt er meine Telefonnummer, und er ruft auch bald an. Um das ein wenig zähe Gespräch in Gang zu bringen, erzähle ich fröhlich, dass mein altes Auto muckt und ich kürzlich sogar die Gelben Engel bemühen musste, als ich mitten in der Walachei am Deich liegenblieb. Nur eine Lappalie, die mein freundlicher Retter schnell beheben konnte, aber Holger will sofort wissen, ob ich denn auch regelmäßig Inspektionen vornehmen lasse (tue ich nicht). Als er hört, dass ich mir eine Zigarette anzünde, fragt er mich streng, ob mir überhaupt klar sei, wie gesundheitsschädlich das ist (ja, ist es, aber ich rauche trotzdem). Überhaupt scheint er ziemlich streng zu sein – nicht nur mit sich selbst, wie mir rasch klar wird.

Auch meine Ernährungsgewohnheiten werden abgefragt und führen zu mit ernster Stimme gehaltenen Vorträgen.

»Du hast doch einen Garten. Du könntest Paprika anbauen, Gurken, Tomaten, Zucchini …«

Die Aufzählung ist schier endlos, und ich blende zwischendurch aus. Ich werde erst wieder aufmerksam, als er sagt: »Du könntest Hühner halten. Für meinen Sport brauche ich viel Eiweiß, ich esse viel Hähnchenfleisch. Wir teilen eine Hälfte des Gartens ab und züchten unser eigenes Fleisch.« Wie bitte – habe ich mich verhört?

Nein, habe ich nicht, denn er schwärmt unverdrossen weiter von gesunder und gleichzeitig kalorienarmer Ernährung, die so ein Schrebergarten sowieso schon ermöglicht ... und eigene Hühner, das sei doch der Knaller!

»Auf keinen Fall!«, rufe ich empört. »Ich ziehe doch keine Küken auf, um sie dann zu schlachten und zu essen.«

»War nur ein Scherz«, versichert er schnell.

Nein, war es nicht, dessen bin ich mir sicher. Außerdem weißt du gar nicht, wie das geht – Scherze machen, denke ich.

Was will der Mann von mir, frage ich mich wieder. Sucht er eine Frau, die er erziehen kann?

Die Sache wird immer rätselhafter, denn er ruft mich wieder und wieder an und entpuppt sich als völlig humorfreier Mensch. Unsere Gespräche bleiben zäh, auf meine flapsige Art reagiert er überhaupt nicht.

WAS WILL DER MANN VON MIR?

Irgendwann stelle ich ihm genau diese Frage. Er beantwortet sie mit einem langen Schweigen.

»Holger, ich glaube, wir können nicht wirklich etwas miteinander anfangen, denkst du nicht auch?«

»Ist wohl so«, sagt er streng und legt auf.

Er hat nie wieder angerufen – und die Frage bleibt bis heute unbeantwortet: Was wollte der Mann von mir?!

Anke und ich stellen diverse Vermutungen an. Meine Lieblingstheorie ist folgende: Holger hat mit einem Sportfanatikerkumpel um einen Eiweiß-Protein-Shake gewettet, dass er es schafft, eine vollkommen unsportliche Raucherin mit schlechten Ernährungsgewohnheiten zu einem gesünderen Leben zu bekehren. Dafür schien ich ihm das perfekte Versuchsobjekt zu sein …

Nein, diese Wette gab es wahrscheinlich nicht, aber Holger hätte mein Leben gern geändert, davon bin ich überzeugt. Ich hatte nur einen Schönheitsfehler: Seine oberlehrerhaften Vorträge sind bei mir auf absolut unfruchtbaren Boden gefallen. Eindeutig zu wenig geschmeidig, um als Eliza Doolittle geeignet zu sein – stimmt's, Professor Holger Higgins?

Kapitel 17
Party bei Gerdi und Heinz
oder
Ein Ausflug ins Schrebergarten-Disneyland

Samstagnachmittag, die Frisur sitzt ... NICHT.
Wie üblich ist es windig, und ich habe es längst aufgegeben, meine Haare zu einer wie auch immer gearteten Frisur bändigen zu wollen.

Anke und ich sind im Garten und bereiten den Bulgursalat zu. Zu Hause habe ich bereits die Frikadellen gebraten und den Bulgur vorgekocht, jetzt sitzen wir uns auf der Terrasse am großen Tisch gegenüber und schneiden das Gemüse. Über uns schaukelt der Ampel-Sonnenschirm leicht in der Brise, unsere sanftäugigen Nachbarn von der Kuhweide stehen im Pulk am »Heckenfenster« und beobachten uns, während ihre Kinnbacken stetig mahlen.

Wir plaudern über dies und das, als sie plötzlich sagt: »Willst du eigentlich so bleiben?« Sie legt das Messer weg und schlängelt mit ihrem Zeigefinger vor meinem Gesicht und Oberkörper durch die Luft, hoch und runter, hoch und runter.

Meine Augen verfolgen den dreisten Finger, der immer noch Kringel in die Luft malt, und ich kämpfe gegen den Impuls an, danach zu schnappen und ihn wie eine Salzstange zu zerbrechen.

Ich weiß natürlich genau, was sie meint, frage aber trotzdem: »Was meinst du mit *so?*«

»Schlabbershirt, olle Jeans, ungeschminkt, Haare zerzaust«, zählt sie auf. »Nicht sehr schick.«

»Wieso? Gehen wir heute auf den Wiener Opernball? Wäre mir neu.« Ich widme mich wieder den Frühlingszwiebeln und schneide sie in kleine Röllchen.

»Und wenn du heute deinem Traummann begegnest? Dem Blumenmann?« Sie schmatzt kleine Küsse in die Luft. »Dann und dann und dann …«, singsangt sie, »dann heult wieder eine!«

Ich lasse mich nicht provozieren. »Dann sehe ich eben so aus, wie ich meistens aussehe. Oder besser: wie ich immer aussehe. Ganz einfach. Du kennst ja mein Motto: What you see is what you get.«

Sie zieht eine Grimasse und äfft lautlos meinen letzten Satz nach. »Würdest du so auch auf ein erstes Date mit einem Mann gehen? Als du Andreas zu dir eingeladen hattest, warst du bestimmt nicht so angezogen.« Der Finger beginnt wieder provozierend vor meiner Nase herumzutanzen.

Am liebsten würde ich sie für diese Unverschämtheit mit Frühlingszwiebelröllchen bewerfen, ich bewahre jedoch die Ruhe.

»Ich gehe aber nicht auf ein erstes Date, sondern nehme im Schrebergarten von Gerdi und Heinz am geselligen Vereinsleben teil. Ende der Diskussion. Auch ein ungeschminktes Gesicht kann schön sein«, zitiere ich eine uralte Seifenwerbung (war es *Lux?*), die heute vermutlich niemand mehr kennt.

Um die Wahrheit zu sagen: In meiner Tasche habe ich ein paar Utensilien dabei, ein anderes Oberteil und Schminkkram, um die Augen ein wenig zu betonen. Aber ich bin zu stolz, das zuzugeben – Anke wird es schon noch früh genug merken und mich mit Hohn und Spott überschütten.

Zwei Stunden später stehe ich vor dem Spiegel im kleinen Bad meiner Hütte und kajale meine Augen auf geheimnisvoll. Etwas Wimperntusche, Ohrringe, das schicke Oberteil mit dem nicht zu kleinen und nicht zu großen Ausschnitt – fertig.

»Wo bleibst du denn?«, kräht Anke. »Wir wollen doch nicht zu spät kommen, oder?«

Ich atme tief durch und verlasse das Bad.

Aber Anke, die Gute, verkneift sich jeden Kommentar, reckt beide Daumen hoch und schnalzt anerkennend mit der Zunge.

Danke, Anke.

Als wir bei Gerdi und Heinz ankommen, tobt dort schon der Bär. Würden wir den Weg nicht sowieso kennen, hätte uns Wolle Petrys Stimme, begleitet von stampfendem Discofox, mühelos die Richtung gewiesen. Anke und ich stoßen uns an und verdrehen die Augen.

»Dass hier nicht Madonna läuft, hätten wir uns eigentlich denken können, oder?«, murmelt sie und marschiert furchtlos voraus.

»Super! Da seid ihr ja!«, ruft Heinz und verlässt seinen Platz am Grill, um uns zu begrüßen.

Gefühlte zweihundert Augenpaare richten sich auf uns und mustern uns neugierig. Heinz schiebt uns unnachgiebig auf die Leute zu.

»Das sind Brenda und Anke, die haben den Naturgarten an

der Kuhweide, den alten Garten von Kurt«, dröhnt Heinz in die Runde und beginnt die Namen derjenigen hervorzusprudeln, die wir auf unserem Weg zur großzügigen Terrasse passieren. »Am Grill, das sind Otto und Friedhelm und Markus und Hinnerk … und Gerdi kennt ihr ja schon, und das ist Meike, meine Schwiegertochter, und das sind Helma und Claudi und Helga und Christa und Christine …«

Ich blende seine Stimme aus. Menschen nicken mir freundlich zu, aber natürlich bleibt kein Name hängen. Heinz übergibt uns an seine Gerdi. Sie führt uns zu einem langen Tisch, der sich bereits unter den mitgebrachten Köstlichkeiten biegt. Riesige Schüsseln mit Kartoffel- und Nudelsalat, Platten mit panierten Schweineschnitzelchen, Matjeshäppchen, diverse Blechkuchen … Mein Gott – wer soll das alles essen?

»Was zu trinken?«, fragt Gerdi, die unsere kulinarischen Mitbringsel in der Zwischenzeit auf dem Buffet abgestellt hat.

Sie deutet auf eine große Plastikwanne, die mit Eiswürfeln gefüllt ist – und mit Getränken aller Art. Anke und ich fischen uns zwei Flaschen Lightbier heraus und bedanken uns artig.

»Seht euch ruhig ein wenig um«, ruft Gerdi, während Wolle Petry »HölleHölleHölle« brüllt.

Staunend schlendern wir über die Parzelle. Allein die Größe von Heinz' und Gerdis Hoheitsgebiet ist beeindruckend, denn sie haben ja zwei nebeneinanderliegende Grundstücke gepachtet, und da kommt einiges an Quadratmetern zusammen.

»Bin ich im Schrebergarten-Disneyland?«, raunt Anke mir zu, und ich weiß genau, was sie meint.

Wenn ich je einen penibel aufgeräumten und ordentlichen Garten gesehen habe (in dem sich kein Nützling, der bei Verstand ist, jemals ansiedeln würde), dann diesen. Wo bei mir eine Holzhütte steht, prunkt hier ein gemauertes Haus, eine Miniaturausgabe der für diese Gegend typischen Einfamilienhäuser aus rotem Backstein mit Spitzgiebel. Das Dach ist mit Ziegeln gedeckt. Es sind vernünftige Fenster eingebaut, mit echten, soliden Rollläden! Unglaublich. Auf den Fensterbänken blitzsaubere, adrett bepflanzte Blumenkästen.

Sämtliche Wege sind rot geklinkert, alle Beete säuberlich mit Randsteinen eingefasst. Nirgends – *nirgends!!!* – ragt auch nur ein Halm zwischen zwei Steinen hervor, kein Unkraut weit und breit. Der Rasen ist eine ebene samtgrüne Fläche, kurz geschoren, völlig ohne Moos. An einem weißgetünchten Flaggenmast flattert die Landesfahne Niedersachsens munter im Wind.

In den Beeten direkt am Haus stehen ein Dutzend blühende Rosenstöcke wie Zinnsoldaten nebeneinander. Ich muss nicht nachmessen, um zu erkennen, dass die Abstände zwischen den Rosenstöcken gleich groß sind. Selbst die Stauden und Gräser in den anderen Beeten sehen ordentlich aus! Auch hier kein Halm, der nicht dort hingehört. Über die Rasenfläche verteilt stehen hübsch gestutzte Apfel- und Birnbäume, zur Feier des Tages verschwenderisch mit Lampions geschmückt. Die Baumscheiben bestehen aus frisch geharkter Erde und sind mit großen, runden Kieseln eingefasst. Natürlich entspricht der Umfang der geharkten Fläche jeweils exakt der Größe der Baumkrone. Kein Wunder, dass Gerdi in meinem Garten fast abgeschnallt ist!

Wir passieren die grillenden Männer, die uns mit ihren Bierflaschen zuprosten. Der aus Backsteinen gemauerte Grill (Micky wäre begeistert!), um den herum Heinz und seine Kumpels sich versammelt haben, ist gigantisch – auf dem Rost fände mühelos eine Schweinehälfte Platz. Und ich rede hier nicht von einem niedlichen kleinen Spanferkel, sondern von einem ausgewachsenen Schwein! Der Grillrost ist unter den brutzelnden Steaks, Koteletts, Bauchscheiben und Rostbratwürstchen kaum zu sehen.

Durch einen adrett berankten Rosenbogen betreten Anke und ich den Gemüsegarten. Die Zwiebeln stehen stramm wie Soldaten auf dem Exerzierplatz, desgleichen Tomaten, Petersilie, Schnittlauch. Erdbeeren sind in Reih und Glied gepflanzt – wie auch die Salat- und Kohlköpfe.
»Die Kartoffeln sehen ein bisschen unordentlich aus, finde ich«, stichelt Anke, »aber Heinz arbeitet bestimmt schon an einem Plan, um das Laub zu zähmen.«
Als wir an einem Rankgerüst für Stangenbohnen vorbeikommen, über das man vermutlich weiße Bettlaken zum Trocknen hängen könnte, ohne dass sie schmutzig würden, reicht es mir.
»Lass uns zu den anderen gehen, ich krieg Depressionen. Sieht alles aus, als wäre es aus Plastik. Ich würde mich hier nicht wohl fühlen, niemals.«
»Musst du auch nicht. Und du solltest wirklich, wirklich dankbar sein, dass dir keiner vom Vorstand ständig in die

Gestaltung deiner Parzelle funkt oder mit dem Zollstock nachmisst, ob du auch ja genug Gemüse anbaust.« Anke grinst. »Außerdem sind Geschmäcker ja Gott sei Dank verschieden, und wenn Gerdi und Heinz das schön finden ...«

»Das dürfen sie auch. Ich wette, Schnecken werden hier zerhackt, wenn sie es wagen, den Salat anzuknabbern.«

»Du kannst ja eine Bürgerinitiative gründen. So etwas wie: *Teilt euren Salat mit den Nacktschnecken – die haben doch auch nur Hunger!* Damit machst du dich hier bestimmt mächtig beliebt. Du könntest Plakate malen und samstags auf dem großen Parkplatz Mahnwache halten, wenn die anderen ihre Gemeinschaftsstunden ableisten.« Anke greift eindringlich nach meinem Arm. »Nein – ich weiß noch etwas Besseres: Du kettest dich an der Tür des Vereinsheims fest und sammelst Unterschriften für Nacktschnecken. Oder Geld. Für Salatspenden.«

Sie kann nicht weitersprechen, weil sie zu sehr lachen muss. »Ich werd nicht mehr!«, keucht sie, völlig hingerissen von ihrem eigenen Humor. »Salatspenden für Nacktschnecken!«

Ich wehre mich dagegen, aber ich muss natürlich mitlachen. »Komm jetzt, du Spaßkanone, wir stürzen uns ins gesellige Vereinsleben zurück. Ich habe einen Bärenhunger, und auf dem Buffet stehen ein paar fettige Salate, die ich unbedingt probieren muss.«

Anke wischt sich die Lachtränen aus dem Gesicht und folgt mir kichernd zurück zur Party.

Das Buffet und der Grill sind dicht umlagert, als wir zurückkommen. Wir nehmen uns Teller und stellen uns hinten an. Bei der Fülle des Angebots muss wirklich niemand befürchten, zu kurz zu kommen, also warten wir geduldig, bis wir an der Reihe sind.

Mein Bulgursalat ist so gut wie unangetastet – wohl etwas zu exotisch für den Geschmack des durchschnittlichen Vereinsmitglieds.

Ich häufe mir demonstrativ eine ordentliche Portion auf den Teller, als ein Mann hinter mir sagt: »Hmmm, Bulgursalat, dass ich das bei Gerdi und Heinz erleben darf ...«

Stolz drehe ich mich um, bereit, mich als Zubereiterin des exotischen Salats zu outen und einen flotten Spruch zum Thema zum Besten zu geben.

Hinter mir steht George Clooney in schwarzer Lederhose und schwarzem T-Shirt und grinst mich an.

Ich verstumme, noch bevor ich etwas sagen kann. Panisch gucke ich mich nach Anke um – sie befindet sich plötzlich meterweit weg am Grill und feixt.

Clooney deutet auf meinen Teller. »Du magst den auch, wie ich sehe. Damit sind wir schon zu zweit. Vermutlich werden wir den kompletten Schüsselinhalt unter uns aufteilen können. Ich frage mich, wer den mitgebracht hat.«

»Den ... den hab ich gemacht«, blubbere ich, mit der Situation vollkommen überfordert.

»Ah!« Er nickt anerkennend. Dann kneift er die Augen zusammen und mustert mich. »Du hast doch Kurts Parzelle an der Kuhweide übernommen, richtig?«

»Ja, das stimmt. Kurts Parzelle«, antworte ich überaus clever und verstumme erneut.

»Ich habe ja wilde Sachen über deinen Garten gehört«, plaudert er weiter, »Weidenzäune, kreatives Chaos, muss ich mir unbedingt demnächst mal ...«

»Jeeeeens!«, brüllt eine Männerstimme. »Hör mal auf zu flirten und komm her, dein Fachwissen ist gefragt!«

Drei Männer an einem Campingtisch winken, und der Blumenmann zuckt entschuldigend mit den Schultern.

»Wir sehen uns bestimmt später noch«, sagt er, schenkt mir ein strahlendes Lächeln und geht.

Mit weichen Knien und einer Ohnmacht nahe, starre ich ihm hinterher.

Höchstens eine Zehntelsekunde später – mir kommt es wie eine Ewigkeit vor – taucht Anke an meiner Seite auf, schnappt meinen Arm und zieht mich zu einem unbesetzten Tischchen unter einem Apfelbaum, etwas abseits von den anderen.

Sie stellt einen Teller ab, der mit Beute vom Grill gefüllt ist. Nichts könnte mich im Moment weniger interessieren – mein Hunger ist spontan verflogen.

»Und? Erzähl!«, wispert Anke aufgeregt und sieht mich erwartungsvoll an.

Ich verziehe den Mund. »Es gibt nichts zu erzählen.«

Sie beugt sich vor. »Aber ich habe euch doch reden sehen! Was hat er gesagt?«

»*Toll, Bulgursalat, wer hat den wohl gemacht – ich hab den gemacht – du hast doch Kurts Parzelle – stimmt, ich hab Kurts Parzelle – ich hab ja wilde Sachen gehört*«, leiere ich herunter. »Das war's im Großen und Ganzen. Dann hat ihn irgendjemand gerufen, und weg war er.«

Anke starrt mich an. »Wie – *wilde Sachen*? Was denn für wilde Sachen?«

»Die Frage dürfte sich beim Anblick dieses Gartens wohl von selbst beantworten.«

»Ist ja auch egal. Und weiter?«

»Nichts weiter«, lüge ich.

Mir ist gerade nicht danach, Anke zu erzählen, dass er sich meinen Garten ansehen will. Ich bin enttäuscht, denn irgendwie hatte ich mir eine eventuelle Begegnung mit ihm auf dieser Party anders vorgestellt. Ich wollte lässig und sexy irgendwo sitzen, schmeichelhaft beleuchtet vom sanften Licht eines Lampions, mit einem reizenden kleinen Schwips, und mein perlendes Lachen würde seine Aufmerksamkeit erregen. Unsere Blicke würden sich treffen, und dann würde er wie magisch angezogen quer über den Rasen auf mich zu …

»He – bist du weggetreten?«, fragt Anke und macht sich mit großem Appetit über ihr zweites Grillwürstchen her. »Iss mal lieber was. Hier, die Würstchen sind super.«

Sie schiebt mir ihren Teller zu.

Während der nächsten Stunde führen wir immer wieder kurze Gespräche mit netten Menschen, die an unserem Tisch vorbeiflanieren, ihre Namen nennen (die ich sofort wieder vergesse) und uns über meinen Garten ausfragen, der offenbar in der gesamten Kolonie Gesprächsthema ist. Ich kann mich auf nichts konzentrieren, linse immer wieder zu Clooney rüber und überlasse Anke die Konversation.

»Ist dir klar, dass die morgen mit Kuchen kommen?«, fragt Anke, nachdem sich drei Damen – eine davon Gerdi – verabschiedet haben und weiterziehen, um geselliges Leben an anderen Tischen zu pflegen.

Ich schrecke hoch. »Wie? Was?«

Anke schüttelt amüsiert den Kopf. »Gerdi, Christa und Helga kommen morgen Nachmittag zum Kaffee vorbei und bringen Apfelkuchen mit. Du hast gesagt, du freust dich.«

»Ach, du Schande – habe ich das?«

Anke nickt und blickt dann angespannt über meine Schulter auf irgendetwas hinter mir. »Achtung – der Blumenmann ist im Anmarsch.«

Ehe ich mich sammeln kann, sitzt er auch schon an unserem Tisch, stellt sein Glas Mineralwasser ab und sagt: »Ich dachte schon, ich komme da nie weg. Gewährt ihr mir Asyl?«

»Klar doch!« Anke strahlt ihn an. »Ich bin Anke, und du bist Jens, richtig?«

Ehe er antworten kann, kreischt die Melodie von *Highway to Hell* aus seiner Hosentasche. Er verzieht den Mund, sagt »Entschuldigung«, zieht das Handy heraus und nimmt das Gespräch an: »Was? – Wo bist du? – Okay, ich komme, rühr dich nicht vom Fleck.«

Er steckt das Handy wieder ein und murmelt: »Vaterfreuden.« Dann steht er auf. »Ich muss los. Meine Tochter steht mit einem platten Reifen am Fahrrad in der Pampa. Schade.« Er zeigt mit dem Finger auf mich. »Aber deinen Garten gucke ich mir auf jeden Fall demnächst mal an. Bis bald.«

Schon ist er weg.

»Er will sich deinen Garten angucken!« Anke ist derart begeistert, dass sie beinahe hyperventiliert.

»Er hat eine Tochter«, brumme ich düster. »Und wer weiß, wie viele Kinder noch.«

»Na und? Hast du einen Ehering gesehen?«

»Nein, aber was heißt das schon? Es gibt genug Männer, die keinen tragen, obwohl sie verheiratet sind.«

Mir hat es endgültig die Laune verdorben – eine Tochter!

Anke versteht meine Enttäuschung, und so sind wir die Ersten – nach dem Blumenmann –, die sich von der Party verabschieden.

»Bis morgen«, sagt Gerdi, »Helga und Christa sind schon ganz gespannt!«

Und ich erst, Gerdi, und ich erst …

Kapitel 18

Der Tag danach: Damenbesuch

oder

Manchmal ist die Phantasie schlimmer als die Wirklichkeit

Der Morgen nach der Party bei Gerdi und Heinz. Ich erwache, die Sonne blinzelt durch einen Spalt zwischen den geschlossenen Gardinen … aaaaah … Sonntag.

Mein Kater springt auf mir herum, denn er will sein Frühstück. Es ist immer dasselbe: Zuerst hopst er ein paarmal über mich drüber, hin und her, hin und her, und wenn das nicht fruchtet, wird gnadenlos aufgesetzt. Das Vieh wiegt mehr als sieben Kilo, und er hört nicht auf, bis ich ihn entweder aus dem Zimmer jage (hilft nur für kurze Zeit) oder aufstehe und den Napf fülle. Diesmal lasse ich ihn auf mir herumtrampeln, mal sehen, wer den längeren Atem hat.

Plötzlich fällt mir etwas ein, und jegliche Gelassenheit weicht von mir. Ich fahre so abrupt hoch, dass der Kater erschrickt und wie ein geölter Blitz zur Schlafzimmertür hinausrast.

Es ist Sonntag!

Gerdi und … wie-heißen-die-noch-gleich kommen zum Kaffeetrinken in meinen Garten!

Heute Nachmittag!

Hilfe!

Ich füttere den Kater und stelle mich erst einmal unter die Dusche. Dann mache ich mir einen Espresso, greife zum Telefon und rufe Anke an.

»Hab schon gewartet«, nuschelt sie, »sorry, isch schollte nisch mit vollem Mund spreschen, aber isch frühstücke gerade.«

»Anke! Heute kommen Gerdi und … Dings und …«

»Helga und Christa«, hilft Anke mir aus.

»Genau!«, rufe ich aufgeregt. »Wie konnte das passieren? Was sollen wir tun?«

»Ruhig bleiben. Alles wird gut. Wir treffen uns in zwei Stunden im Garten. Hast du Schlagsahne im Kühlschrank?«

»Ja, ich glaube schon.«

»Mitbringen. Außerdem deinen Mixer, Zucker und Milch. Kaffee ist in der Hütte, Tee auch. Ich gucke mal, ob ich noch ein paar hübsche Servietten habe«, sagt Anke.

»Brauchen wir eine Tischdecke?«

Anke lacht leise. »Wir wollen mal nicht übertreiben.«

Ich komme als Erste im Garten an. Irgendwie habe ich das Bedürfnis, den Rasen zu wischen, die Beete zu putzen und die Büsche abzustauben … Verglichen mit der geschniegelten, blitzblanken Parzelle, auf der ich gestern zu Gast war, sieht mein Garten aus wie ein Komposthaufen. Unordentlich, chaotisch, unstrukturiert.

Ich kann es mir nicht verkneifen, die gepflasterte Fläche zu fegen, die ich Terrasse nenne. Dabei erwischt mich Anke.

»Was wird das denn?«, fragt sie spöttisch. »Vielleicht noch schnell die Hütte von außen tapezieren?«

»Meinst du, wir sollten Unkraut zupfen?« Panisch zeige ich auf ein paar Halme, die frech aus den Ritzen der Pflasterung wachsen.

Anke schüttelt streng den Kopf. »Ganz im Gegenteil – hat der Blumenmann nicht gesagt, er habe *wilde Sachen* über den Garten gehört? Wir wollen doch die Erwartungen der Damen nicht enttäuschen! Auf keinen Fall machen wir hier irgendwas schön ordentlich und adrett. Unser einziges Zugeständnis sind richtige Servietten – statt Haushaltspapier. Das muss reichen.«

Ich beruhige mich wieder. Recht hat sie.

Schließlich bin ich stolz auf meinen Garten. Er ist genau so, wie ich ihn mag; und wir haben ihn nicht deshalb so gestaltet, weil ich in der Kolonie provozieren oder anecken will, sondern weil ich einen Ort schaffen wollte, an dem ich mich absolut wohl fühle. Mein kleines Paradies. Mein Shangri-La. Wir holen die weißen Korbmöbel mit den knallbunten Kissen aus der Hütte und spannen den dunkelgrünen Ampelschirm auf. Ich pflücke einen Strauß Blumen, um den Tisch zu schmücken – das würde ich auch tun, wenn nur Anke und ich dort säßen. Wir kochen Kaffee und Tee (der Friese an sich trinkt ja doch gern schwarzen Tee …), decken den Tisch und schlagen Sahne für Gerdis Apfelkuchen.

Jetzt können wir nur noch warten.

»Huhu! Jemand zu Hause?!«, ruft es fröhlich vom Gartentor, und ich setze ein strahlendes Willkommenslächeln auf.

Damenbesuch.

Es ist Punkt halb vier, als Gerdi und zwei weitere Damen mittleren Alters den Garten betreten. Eine blond, in Jeans und T-Shirt, die andere mit praktischem graumeliertem Kurzhaarschnitt und im gestreiften Sommerkleid. Gerdi weiß ja schon, wie es hier aussieht, aber Helga und Christa (ich muss noch herausfinden, wer von den beiden wer ist) staunen Bauklötze.

»Da seid ihr ja. Setzt euch doch«, zwitschere ich.

Mittlerweile bin ich vollkommen entspannt, und das, nachdem ich morgens – wieso eigentlich? – beinahe in Panik ausgebrochen wäre. Wem es hier nicht gefällt, kann gehen.

»Na, Helga? Was sagst du?«, fragt Gerdi.

Die Blonde (ah, das ist also Helga …) nickt anerkennend.

»Verrückt, aber total schön. Hätte ich nicht gedacht.«

Gerdi nickt so stolz, als wären mein Garten und ich ein bisher unbekanntes exotisches Reptil, das sie bei einer Amazonas-Expedition entdeckt hat – und das sie jetzt der staunenden Fachwelt präsentiert.

»Irgendwie … gemütlich«, sagt Christa und kichert. »Meinen Herbert würde glatt der Schlag treffen, wenn er das hier sehen würde.«

»Hauptsache, du hast dann seine Herztropfen parat«, gluckst Gerdi, und die Damen gackern eine Runde.

Sieh da – offenbar habe ich mit meiner Vermutung recht, dass es die Herren der Schöpfung sind, die die Gärten nach ihren Vorstellungen gestalten. Und in mir keimt der Verdacht, dass die Damen nichts gegen ein wenig Wildnis einzuwenden hätten.

Was soll ich sagen – es wird tatsächlich ein schöner Nachmittag. Meine Gäste fragen mich diskret über mein Schriftstellerdasein aus, und ich gebe gern Auskunft. Alle drei kannten den Garten, bevor ich ihn übernommen habe, und zollen Anke und mir Respekt für das, was wir in der kurzen Zeit verändert haben.

»Schade, dass du außer den Kirschen und den krüppeligen Schwarzen Johannisbeeren kein Obst hast«, sagt Helga, als wir alle zusammen einen kleinen Rundgang machen.

»Das stimmt, das bedaure ich auch sehr«, antworte ich. »Selbst wenn ich Bäume und Sträucher pflanze, wird es Jahre dauern, bis ich ordentlich ernten kann. Ich möchte unbedingt Stachelbeeren und Himbeeren haben. Erdbeeren sind ja Gott sei Dank unkompliziert. Auch mit Gemüse fange ich gerade erst an: ein paar Kartoffeln, drei Tomatenpflanzen, ein paar Zwiebeln und Bohnen … alles nach und nach.«

»Und hier war wirklich nur Rasenfläche und Gestrüpp«, sagt Christa kopfschüttelnd.

Spätestens jetzt ist es Zeit, Anke das Lob zukommen zu lassen, das ihr gebührt. Ich erzähle wahrheitsgemäß, dass sie die treibende Kraft ist – und nicht etwa ich. Dass sie dem Kleiboden die Beete abgerungen hat und dass der Garten vermutlich immer noch so aussähe wie zu Kurts Zeiten, wenn Anke nicht so aktiv wäre.

»Und das alles ganz ohne männliche Hilfe? Ohne meinen Mann wäre ich völlig aufgeschmissen«, sagt Helga schwer beeindruckt, und Gerdi und Christa nicken zustimmend.

»Ich darf bei uns höchstens den Rasen mähen«, erzählt Gerdi, »und das auch nur unter Kontrolle. Alles andere macht Heinz. Nur er allein weiß, wie Rosen beschnitten werden. Er erntet das Obst und Gemüse, und ich kann es dann weiterverarbeiten. Ich beneide euch darum, dass ihr euch hier austoben könnt.«

»Und jede Menge falsch machen …«, wirft Anke ironisch ein.

»Na und?« Gerdi zuckt mit den Schultern. »Dann macht ihr es beim nächsten Mal anders, und vielleicht ist es dann richtig. Ist doch keine Schande, wenn die Zwiebeln mal nix werden.«

»Das solltest du meinem Herbert mal sagen.« Christa verzieht den Mund. »Vermutlich würde es seinen Blutdruck erheblich senken, wenn er so denken würde.«

Der schöne Nachmittag endet mit einem noch schöneren Bild: Fünf karamellfarbene Kälber von der Weide nebenan stehen uns fünf Frauen am »Heckenfenster« gegenüber. Schweigend sehen sie uns und wir sie an, bevor jeder wieder seiner Wege geht.

»Das müssen wir wiederholen«, sagt Christa zum Abschied, und die beiden anderen Damen nicken.

Zu meiner großen Überraschung empfinde ich das als Kompliment und freue mich ehrlich darüber.

In der nächsten Zeit werden mir immer wieder Schüsseln mit Obst oder Gemüse vorbeigebracht – oder ich finde prall gefüllte Tüten an meinem Gartentor: Pflaumen, Äpfel, Birnen, Auberginen, Gurken, Zucchini – Ernte aus den Gärten von Gerdi, Helga und Christa!

Kapitel 19

Männersuche, die Fünfte:
TangoBoy

oder
Pablo trägt bestimmt Stöckelschuhe

TangoBoy kommt aus Argentinien. Auf dem Foto sieht er aus, als würde er einen Zwergdackel nur um eine Handbreit überragen, er gibt seine Körpergröße aber mit eins vierundsiebzig an – ist also höchstens eins sechsundsechzig. Woher ich das weiß? Erfahrung.

Auch er schickt ein Schmunzeln.

Allmählich fange ich an, mich über diese Schmunzel-Mails wirklich zu ärgern. Die Kerle klicken auf den Button und lehnen sich zurück. Aber *TangoBoy* sieht nett aus, und ausnahmsweise schmunzle ich mal zurück. Ausnahmsweise.

Die Antwort lässt nicht lange auf sich warten. Er heiße Pablo, lässt er mich wissen. Kurz und knapp beschreibt er seine Lebensumstände, was und wo er arbeitet, wie er lebt. Er hat eine Katze – und das finde ich definitiv sympathisch.

»Eins vierundsiebzig? Nie im Leben. Kannste gut und gerne zehn Zentimeter von abziehen«, sagt Anke prompt mit Kennerblick, als wir uns gemeinsam sein Profil ansehen. »Wenn nicht sogar zwanzig. Ich wette, er geht dir gerade mal bis zum Kinn. Mit Flamenco-Absätzen.«

»Er tanzt Tango.«

»Dann eben mit Tango-Absätzen. Auf jeden Fall in Stöckeln. Vielleicht trägt er so High Heels wie Jorge, der Laufstegtrainer von Heidi Klum.«

Ich zucke mit den Achseln. Kann sein, kann auch nicht sein, denke ich.

»Warum sollte er lügen? Das fliegt doch spätestens bei der ersten Begegnung auf!«

»Was weiß ich? Damit er interessanter wirkt oder weil er hofft, *vor* der ersten Begegnung mit Charme oder durch sonst was zu punkten, so dass die Größe keine Rolle mehr spielt ...«

Der Mailwechsel mit Pablo macht mir Spaß, denn er schreibt ausführlich über sein abwechslungsreiches Leben, das ihn um die halbe Welt geführt hat, und seine vielen Interessen, die ich durchaus spannend finde. Er beneide mich um meinen Beruf, denn es sei ein großer Traum von ihm, schriftstellerisch zu arbeiten, aber er habe leider bisher noch nicht die Ruhe dazu gefunden.

Einige Nachrichten später ist es an der Zeit, die Gartenfrage zu stellen.

Er liebe selbstgezogenes Obst und Gemüse, schreibt er, daraus könne ich bestimmt wunderbare Gerichte zaubern. Im Übrigen seien Hege und Pflege des Gartens in seinem Heimatland reine Frauensache. Es folgt ein kleiner Exkurs über die Kunst, die angeblich allein Frauen beherrschen: einen kleinen Samen in den fruchtbaren Schoß der Mutter Erde zu pflanzen, den zarten, schutzbedürftigen Sprössling aufzuziehen wie das eigene Kind und dann bis zur Reife liebevoll zu begleiten. Gartenarbeit sei überaus sinnlich, sagt er, und ich frage mich, woher er das zu wissen glaubt ... Aber vielleicht ist er eine Art Voyeur, den es scharf macht, Frauen beim Umgraben zu beobachten? Man hat ja schon die dollsten Dinger gehört …

»Irgendwie niedlich«, sagt Anke, als sie das mit der sinnlichen Gartenarbeit liest. »Und er hat ja recht: Es ist schön, in der saftigen Erde zu wühlen, die kleinen Blättchen zu sehen, die immer größer und größer werden, die ersten Knospen und Fruchtansätze …«

»Vielleicht entdecken wir gerade ein neues Genre für die Sexfilmbranche!«, rufe ich. »Den Pflanzenporno! Sinnliche, schwellende Blüten, noch eingerollte Babyfarne, die sich im Zeitraffer total sexy entfalten, dem Licht entgegenrecken und immer größer werden …«

Zumindest ist Pablo unterhaltsam, finde ich.

Doch dann macht er einen Fehler.

Jüngere Frauen flögen auf ihn, schreibt er. Nicht, dass er suchen würde – oh, nein, sie kämen einfach. Er würde ihnen zwar immer sagen, dass sie sich jemanden in ihrem Alter suchen sollten, aber … nun ja. Und alle würden ihm gute Qualitäten als Liebhaber attestieren, das wolle er aber nur am Rande erwähnt haben.

Jetzt habe er beschlossen, dass er das nicht mehr wolle, es sei auch auf Dauer ziemlich anstrengend mit diesen jungen Dingern. Er habe keine Lust mehr, die Abende in Diskotheken zu verbringen, er sehne sich nach einer Frau in seinem Alter, die möglichst gut kochen könne – und ich hätte doch auch mal als Köchin gearbeitet, nicht wahr? Er plane übrigens, ein Restaurant zu eröffnen, ob er das schon erwähnt habe?

Ich bin sprachlos. Der Kerl sucht ein kochendes Mütterchen für sein Restaurant – alt genug, dass sie nicht in die Disco abzischt, sobald sie die Lust daran verliert (wenn sie die überhaupt jemals hatte!), in einem verschwitzten, mit Tomatensuppe bekleckerten T-Shirt in der heißen Küche zu stehen, während ihr Pablo im Restaurant herumstöckelt und mit allem flirtet, was nicht bei drei auf dem Baum ist! Und er denkt, ich bin blöd genug, mich darauf einzulassen, weil alleinstehende Frauen in meinem Alter so verzweifelt sind, dass sie sich auf *alles* einlassen – Hauptsache, es gibt einen Kerl dazu.

Meine Klappe fällt so schnell, dass ich kaum hinterherkomme – Pablo hat sich selbst ins Off geschossen, und zwar mit mehrfacher Lichtgeschwindigkeit.

Ehrlich, Pablo: Abgesehen von dem, was du in Wirklichkeit suchst, will keine – *keine einzige!* – Frau von Anfang fünfzig hören, dass der Mann, der sich um sie bemüht, von Dreißigjährigen umschwärmt wird.
Das macht dich nicht attraktiver – ganz im Gegenteil. Merk dir das für die Zukunft.
Das teile ich ihm in meiner letzten Mail mit – und zwar exakt so schmallippig, wie es sich hier anhört.

Er reagiert sehr bestürzt und entschuldigt sich wortreich für seine mangelnde Sensibilität.
Zu spät, Pablo.
Ich lasse seine Mail unbeantwortet.

Kapitel 20

Das Fernsehen kommt zu Besuch

oder
Wenn Tomaten sich als Stachelbeeren verkleiden

Boah«, sagt der Kameramann.

Obwohl – in Wirklichkeit ist es eher ein langgezogenes, nicht enden wollendes »Booooooaaaaaaaaaaaah ...«, während er über den schmalen Plattenweg in den Garten geht und gar nicht weiß, wohin er zuerst gucken soll.

»Das ist ja ... also, *das* habe ich wirklich nicht ... is' ja der absolute Hammer ... boah, Wahnsinn!« Er dreht sich zu mir um und strahlt mich an. »*Super* Motive, sensationell!«

Das Fernsehen ist zu Besuch, und ein paar Stunden zuvor hat die visuelle Fachkraft aus der Medienbranche auf das Stichwort *Schrebergarten* noch deutlich verhaltener reagiert, um es mal freundlich zu formulieren.

Es klang ungefähr so: »Schreeeeeeeeeebergarten? Ich weiß nicht ... klingt irgendwie langweilig. Habt ihr nichts anderes?«

Es ist Juli, und gerade ist mein Buch »Bratkartoffeln für Tina Turner« über meine Zeit als Backstage-Köchin erschienen. Eine Kultursendung des Südwestfunks möchte einen Beitrag über mich drehen. Der Redakteur, Frank, ist bereits einen Tag vorher angereist, denn das Konzept für den Beitrag muss stehen, bevor Kameramann und Tonfrau zum Dreh kommen.

Frank und ich sind für den späten Nachmittag verabredet, und ich hole ihn mit dem Auto an seinem Hotel ab. Das sonnige Wetter ist wie gemacht dafür, meinen Gast aus Baden-Württemberg mächtig zu beeindrucken. Bisher kennen wir uns lediglich von zwei oder drei Telefonaten, beschließen aber jetzt spontan und einstimmig, dass wir uns duzen.

»Was meinst du – wo könnten wir drehen?«, fragt er mich. »Ich brauche drei oder vier schöne Motive.«

»Mit schönen Motiven kann ich dienen – immerhin lebe ich an der Nordseeküste, wo andere zum Urlaubmachen hinfahren. Hier gibt es jede Menge Landschaft, Leuchttürme, idyllische Fischerdörfer mit Kuttern im Hafen, Sandstrände, Deiche mit Schafen drauf, das Meer, Blick bis zum Horizont … such dir was aus, Frank.«

»Du entscheidest.«

»Na gut, dann zeige ich dir zuerst meinen Schrebergarten«, sage ich, »ist praktisch um die Ecke. Schönes Motiv Nummer eins.«

Er sieht mich zweifelnd an, hält aber die Klappe.

Wenige Minuten später fahre ich auf den Parkplatz der Kolonie.

Frank sagt, was alle sagen, wenn sie meinen Garten sehen: »Also, einen Schrebergarten habe ich mir immer ganz anders vorgestellt. Ich dachte, da gibt es jede Menge Vorschriften, wie der auszusehen hat …, aber das hier …«

Stimmt, mein grün-bunter Flower-Power-Wahnsinn ist kein normaler Schrebergarten.

»Hier drehen wir auf jeden Fall.« Er nickt zufrieden und macht sich ein paar Notizen. »Wohin jetzt?«

»Sandstrand, Nordseewellen, Strandkörbe und Möwenkreischen«, sage ich und feixe innerlich, dass mein Garten ins Fernsehen kommt.

Ohne es geplant zu haben, kann ich Frank ein gleichermaßen amüsantes wie eindrucksvolles Schauspiel bieten: Die Straße zum Strand führt über eine Schleusenbrücke, die den Außenhafen vom Binnentief trennt, in dem die Yachthäfen liegen. Die Ampel an der Brücke springt auf Rot; ich bremse und stelle den Motor ab.

»Was passiert jetzt?«, fragt Frank, aber ich zeige nur auf die Straße. Sie hat plötzlich eine leichte Steigung, die sie vorher nicht hatte.

Langsam klappt die Asphaltfläche der Brücke hoch, und eine Meute Möwen flattert kreischend heran und lässt sich gemütlich auf den Verstrebungen unter der Brücke nieder, um – huiiii! – die lustige Fahrt mitzumachen. Als die Straße senkrecht in den Himmel ragt, bekommen die wartenden Yachten freie Fahrt und segeln im Gänsemarsch zu ihren Liegeplätzen.

Nach der zur vollsten Zufriedenheit des Redakteurs verlaufenen Strandbesichtigung setzen wir uns vor den Fischimbiss am Hafen in die Abendsonne und essen Backfisch mit Kartoffelsalat, umkreist und belauert von riesigen Möwen, die auf eine milde Gabe von unseren Tellern hoffen. Im Hafenbecken liegen malerisch ein paar Krabbenkutter, die leichte Brise schmeckt nach frischem Fisch und Salz, und selbst der

Sonnenuntergang scheint zu wissen, dass das Fernsehen zu Besuch ist, denn er gibt alles und leuchtet in sämtlichen erdenklichen Rot-, Orange- und Rosatönen.

»Ich mache ja immer in den Bergen Urlaub …«, murmelt Frank, während er dem knallroten, riesigen Feuerball dabei zusieht, wie er am Horizont im Meer versinkt.

»Kein Blick bis zum Horizont«, sage ich.

Er nickt, und ich sehe ihm an, dass er sein Urlaubskonzept gerade zu überdenken beginnt.

Schließlich erinnern wir uns daran, dass wir nicht hier sind, um schweigend in die unendliche Ferne zu starren (so abendfüllend das auch sein kann), sondern um zu arbeiten. Er quetscht mich über mein Leben aus, und langsam, aber sicher entsteht dabei eine erste grobe Planung für den Beitrag: Erst soll ich auf dem Wochenmarkt einkaufen gehen, dann im Schrebergarten Krabben pulen und dabei über mein Buch sprechen, danach geht es an den Strand, wo ich ein wenig meinem Hobby frönen werde, dem Fotografieren.

Hört sich gut an, finde ich.

Am nächsten Morgen erregen wir auf dem Markt natürlich jede Menge Aufsehen. Der Himmel ist – wie bestellt – wolkenlos blau, die Sonne strahlt, und ich flaniere von Stand zu Stand, begleitet von einem Mann mit einer Kamera und einem Mädel, das ein riesiges puscheliges Mikro an einer langen Angel über meinen Kopf hält. Frank turnt um uns herum und gibt Anweisungen.

Immer wieder müssen wir die Aufnahmen abbrechen, weil Leute ins Bild latschen, stehen bleiben und unverhohlen in die Kamera starren, während sie uns mit Fragen bombardieren: »Wofür wird das gedreht? Sind Sie irgendwie berühmt? Auf welchem Sender läuft das denn?« Das Interesse erlahmt allerdings in neunzig Prozent der Fälle abrupt, sobald unsererseits die Auskunft erteilt wird, dass hier keine Szenen für eine Doku-Soap bei einem Privatsender, sondern für das Kulturjournal eines öffentlich-rechtlichen Dritten Programms entstehen.

Mein Einkaufskorb füllt sich langsam. Ich kaufe jede Menge Obst, Schwarzbrot, Salzbutter – und natürlich frische Nordseekrabben. Das dauert viel länger als geplant, denn – siehe oben – wir müssen immer wieder unterbrechen, und außerdem braucht der Kameramann von jedem Kauf zig verschiedene Einstellungen.

Ich kaufe Krabben:
- Ich steuere den Stand an.
- Ich begrüße die Verkäuferin: »Moin!«
- Die Verkäuferin begrüßt mich: »Moin! Was darf's sein?«
- Ich gebe meine Bestellung auf: »Zwei Liter Granat, bitte.«
- Die Erklärung, warum es *Liter* und *Granat* heißt.
- Die Fischverkäuferin füllt die Krabben mit einem Litermaß (aha!) in einen Beutel.
- Die Waage, die 1000 Gramm anzeigt.
- Die Hände der Fischverkäuferin reichen mir den Beutel.
- Ich lege den Beutel in den Korb und bezahle.
- Die Verkäuferin verabschiedet sich: »Tschüüüüß! Schönen Tag noch!«
- Ich verabschiede mich: »Ihnen auch, vielen Dank! Bis demnächst, tschüüüüß!«

Und das an jedem Stand, an dem ich einkaufe …

Irgendwann haben wir endlich alles im Kasten und fahren zum Schrebergarten. Zuerst soll ich am Tisch sitzen und Krabben pulen, während ich interviewt werde, danach ist eine kleine Probelesung aus dem Buch vorgesehen. Alles wird sorgfältig arrangiert und dekorativ inszeniert – vor allem die Einkäufe vom Markt. Die samtigen Pfirsiche, die prallen Knupperkirschen, das für diese Gegend typische, dünn geschnittene Schwarzbrot, die Salzbutter – und natürlich die Stars der Szene: die Krabben.

Frank, der nicht im Bild ist, stellt Fragen und lässt mich erzählen. Die Kamera vergesse ich erstaunlich schnell, weder stört sie mich, noch schüchtert sie mich ein. Währenddessen pule ich die Krabben. Ich bin fix, und der Kameramann greift ein, weil ich *zu* fix bin. Schließlich braucht er auch hier mehrere Bilder: von vorn, von der einen Seite, von der anderen Seite, eine Großaufnahme meiner Hände beim Pulen …

Zum Schluss mache ich Krabbenbrote für alle, dann geht die Kamera aus, und wir lassen uns die Brote schmecken. Frank, der noch nie frische Nordseekrabben gegessen hat und ein wenig skeptisch war, verdreht begeistert die Augen.

»Allein dafür lohnt es sich, an der Nordsee zu leben«, sage ich, und Frank freut sich. Ich darf den Satz gleich noch einmal bei laufender Kamera wiederholen …

Wir sitzen müßig in der Sonne und haben eigentlich keine Lust mehr zu arbeiten.

»Was ist das denn?«, fragt der Kameramann und zeigt auf meine Tomatenpflanzen in dem kleinen, von Anke konstruierten Unterstand. Die Pflanzen hängen voller Rispen mit kirschgroßen Früchten, die noch unreif und grün sind.

»Stachelbeeren«, sage ich, und der Kameramann lässt sich zu meinem Vergnügen tatsächlich für einen Moment ins Bockshorn jagen.

Jetzt ist die kleine Lesung dran. Ich soll eine kurze Passage aus dem Kapitel über den »Rockpalast«, speziell über Johnny Rotten, zum Besten geben. Das sollten wir schnell im Kasten haben, denke ich – Lesungen kann ich.
Aber weit gefehlt. Ein Korbsessel für mich wird in die Botanik gestellt, erst hierhin, dann dorthin, dann an einen dritten Platz. Es soll im Hintergrund möglichst üppig blühen, und dafür gibt es jede Menge Alternativen. Aus welcher Richtung kommt die Sonne, welche Schatten werden wohin geworfen … nicht ganz einfach, aber endlich ist alles bereit, und ich fange an: »Von Angesicht zu Angesicht verwandelte mein Punkheld sich in ein kleines, schmächtiges …«
Flappflappflappflapp … ein Hubschrauber kreist über uns.
»Stopp!«, schreit der Kameramann. »Wir müssen noch mal neu anfangen!«
Soll mir recht sein: »Von Angesicht zu Angesicht verwandelte mein Punkheld sich in ein kleines, schmächtiges …«
Bröööööööööööh …
»Stopp!«
Eine kleine Propellermaschine fliegt über den Garten. Nun ja: Es ist Samstag, die Sonne scheint – und in zwei Kilometern Entfernung liegt ein Miniflugplatz, auf dem am Wochenende ganz schön was los sein kann.
»Und – bitte.«
»Von Angesicht zu Angesicht verwandelte mein Punkheld sich in ein kleines, schmächtiges …«

Um es kurz zu machen: Wir brauchen an die zwanzig Anläufe, bis die Sache endlich im Kasten ist. Es kommen weitere Flugzeuge vorbei, einmal fällt das Mikro aus, Kinder kreischen, und schließlich fängt jemand drei Parzellen weiter an Holz zu hacken, woraufhin Frank aus dem Garten rennt und den Holzhacker um eine Viertelstunde Pause bittet (die uns netterweise auch gewährt wird).

Für eine Sequenz, die im Fernsehbeitrag vielleicht eine knappe Minute dauern wird, haben wir jetzt über eine Stunde gebraucht ...

Das nächste Motiv ist dran – und wir packen zusammen, obwohl Einigkeit darüber herrscht, dass es jetzt auch wirklich nett wäre, noch ein paar Stunden im Garten abzuhängen. Alles wird ins Auto geladen, und es geht ab an den Strand.

Juli, Samstagnachmittag, Bombenwetter ... am Strand ist es rappelvoll. Auch auf dem etwas abgelegenen Abschnitt, den wir ansteuern, erregen wir noch genug Aufsehen, und langsam, aber sicher bildet sich eine kleine Menschentraube um uns. Fotoapparate und Handys werden zu Dutzenden gezückt, um diesen aufregenden Moment für die Nachwelt (Freunde / Bekannte / oh, mein Gott: YouTube?) festzuhalten. Ich überlege kurz, ob ich ein paar Posen für diese Horde von Hobby-Paparazzi anbieten soll, entscheide mich aber dann doch dagegen.

Überdrehte Kinder, von ihren Müttern unauffällig vor die Linse des Kameramannes geschoben, führen akrobatische Kunststücke vor oder singen lauthals aktuelle Hits, vermutlich in der Hoffnung, für irgendein Castingformat entdeckt zu werden oder eine eigene Doku-Soap auf den Leib geschneidert zu bekommen. Wieder hagelt es die klassischen Fragen, die wir bereits auf dem Markt gehört haben. Frank, der so etwas sicher häufiger erlebt, behält die Ruhe und beantwortet alle Fragen mit Engelsgeduld.

Ich stapfe durchs flache Wasser, mache Fotos mit meiner Digitalkamera und tue so, als wären die Menschen gar nicht da. Frank brüllt mir aus etlichen Metern Entfernung Anweisungen zu. Immer wieder muss ich dieselbe Strecke laufen, von links nach rechts, wieder zurückgehen, wieder von links nach rechts, wieder zurück … und noch mal von vorn.
Ein Schwarm Kinder begleitet mich – sie kreischen, machen Faxen und winken frenetisch in die Kamera. Alle paar Minuten müssen sie aus dem Bild gescheucht werden. Prompt stürmt eine Mutter heran, die für sich und ihren hyperaktiven Sohn lautstark das Recht auf absolute Bewegungsfreiheit am Strand einfordert. »Sie haben nicht zu bestimmen, wo mein Finn sich aufhalten darf! Sie mögen wohl keine Kinder!«, empört sie sich, und Finn streckt mir zahnlückig grinsend und triumphierend die Zunge raus.
Und wieder ist es Frank, der die aufgewühlten Wogen souverän und freundlich glättet. Wie sich herausstellt, wollte die aufgebrachte Mami ihren Finn eigentlich nur einsammeln, da es Zeit fürs Abendessen war, aber immerhin gehe es ums Prinzip, nicht wahr? Und wir könnten schließlich nicht einfach den halben Strand sperren … Sie ist sichtlich enttäuscht, als sie merkt, dass ihre Brandrede »Normalbürger versus Promi« nicht gefilmt wird und somit keine Hoffnung besteht, dass sie in irgendeiner Boulevardsendung ihre dreißig Sekunden Ruhm bekommt.

Langsam leert sich der Strand, denn es sind Wolken vor die Sonne gezogen. Der klassische Tourist pflegt dann umgehend seine Sachen zu packen, um irgendwo essen zu gehen. Relativ ungestört starte ich wieder meine Wanderung von links nach rechts und knipse währenddessen Krebse, Muscheln, Möwen, den Horizont, die Wellen … und was mir sonst noch so vor die Linse kommt – »mein« Team zum Beispiel.

Irgendwann ist alles im Kasten, und schon vier Tage später kann ich mir im Fernsehen selbst dabei zugucken, wie ich Krabben pule, aus meinem Leben und von meinem Buch erzähle, Fotos knipse und am Strand entlangspaziere.
Am meisten freut mich, dass mein Schrebergarten so wunderschön in Szene gesetzt wurde.

Kapitel 21

Männersuche, die Sechste: Geert

oder

Auch ein Regenwurm hat das Recht auf einen natürlichen Tod

Ich muss zugeben: – Geert habe ich ein wenig ausgenutzt. Auf einem der Fotos in seinem Profil stemmt er glücklich grinsend einen Karpfen in die Höhe, den er – davon darf man getrost ausgehen – höchstselbst geangelt hat. Und wie es der Zufall will, arbeite ich gerade am dritten Band einer Krimireihe, die ich gemeinsam mit einer Freundin verfasse ... und in diesem Band geht es ums Angeln ... speziell das Angeln von Karpfen ...

Sollte es mir gelingen, zwei Fliegen mit einer Klappe zu schlagen? Nicht nur einen netten Mann zu finden, sondern gleichzeitig einen Kenner der Karpfenanglerszene?

»Und du meinst, dieser Fischkopp ist der Richtige?«, fragt Anke zweifelnd. »Was schreibt er denn so?«

»Kurz und knapp – ein typischer Friese. Wo er wohnt, was er macht und dass er gern angelt.«

»Sag ich doch – ein Fischkopp. Dir ist schon klar, dass er seine Wochenenden komplett an irgendwelchen Tümpeln in der Walachei verbringen wird? Dass er um vier Uhr morgens aufsteht, weil dann irgendwelche glitschigen Viecher am besten anbeißen? Die holt er dann aus dem Wasser, und die armen Tiere zappeln und schnappen nach Luft, und er zieht ihnen mit dem Knüppel eins über.« Sie schüttelt sich ausgiebig.

Ich zucke mit den Schultern. »Na und? Ich liebe frischen Fisch. Und solange ich nicht mit zum Tümpel muss …«

»Er wird Tonnen von dem Zeug nach Hause schleppen – viel mehr, als ihr essen könnt. Kein Angler der Welt hört nach drei oder vier Forellen auf!«

»Was echauffierst du dich denn so? Hast du mal schlechte Erfahrungen mit einem Angler gemacht?«

»Mein Vater«, sagt sie düster, »ich bin schwer traumatisiert. Ich musste immer mitten in der Nacht aufstehen und mit ihm raus zum Angeln. Glaub mir: Eure Tiefkühltruhe wird ein Massengrab für Fischleichen sein.«

»*Unsere* Tiefkühltruhe? Ist das nicht ein bisschen zu forsch in die Zukunft gedacht? Siehst du uns schon zusammenwohnen? Immer langsam, meine Liebe!«

»Na denn – Petri Heil!«, sagt Anke.

»Petri Dank«, gebe ich lässig und in perfekter Anglersprache zurück.

Geert lebt nur ein paar Dörfer von meinem Wohnort entfernt, und begeistert erzählt er mir von einem kleinen, vereinsinternen Angelwettbewerb, an dem er teilnehmen will. Er weiß mittlerweile, dass ich mir Notizen mache, während wir telefonieren. Dass ich für einen Krimi recherchiere, findet er ziemlich abgefahren. So drückt er sich natürlich nicht aus. *Ist ja'n Ding,* das sind seine genauen Worte. Kurz und knapp und friesisch herb eben.

»Du bist die erste Frau, die sich fürs Angeln interessiert«, sagt er verblüfft.

»Von mir aus kannst du stundenlang darüber reden«, erwidere ich, ohne rot zu werden.

Das lässt Geert sich nicht zweimal sagen.

»Hast du bei deinem Hobby eigentlich noch Zeit für die Gartenarbeit?«, frage ich, denn er hat mir erzählt, dass er in einem eigenen Häuschen mit Garten – genauer: mit Acker, wie er sich ausdrückt – wohnt.

»Jede Menge Würmer«, erklärt er. »Ich grabe ein Stück um, und dann habe ich genug Köder für die nächste Angeltour. Lebendköder sind am besten.«

Lebendköder, soso. Ich weiß nicht, wie ich das finden soll. Die armen Regenwürmer! Immerhin sind sie wohlgelittene Nützlinge im Garten: Sie lockern den Boden auf und machen ihn fruchtbarer … und dann spießt er sie zum Dank auf einen Haken und wirft sie ins Wasser …

Dass Geert nicht mein zukünftiger Partner sein wird, ist mir schon bald klar – und damit haben die Regenwürmer nichts zu tun. Unsere Interessen und Lebensläufe sind einfach viel zu unterschiedlich. Dennoch: Er hat einen trockenen Humor, der mir gut gefällt.

Eines kühlen, noch leicht nebligen Morgens holpere ich über Feldwege, die aussehen, als führten sie ins Nirgendwo. Heute trifft sich sein Verein, um einen Teich leer zu fischen. Ich habe keine Ahnung, wo ich bin: Rechts und links ab und zu ein Gehöft, ansonsten Weiden voller Kühe, die verblüfft ihre ewige Mahlzeit unterbrechen, als ich in meinem kleinen roten Auto vorbeifahre. Die Sonne lauert schon darauf, die Nebelschwaden zu vertreiben, und es verspricht ein schöner Tag zu werden.

Ein schöner Tag zum Angeln.

Geert hat mir beschrieben, an welchem der Gewässer in dieser Gegend er zu finden sein wird. Allerdings gibt es dort jede Menge Teiche, wie ich rasch feststelle, und ein Feldweg sieht aus wie der andere.

Ich halte an und frage einen Bauern, der wohl gerade auf dem Weg zu seinem Milchvieh ist.

»Die Angler ... die sind da vorne.«

Er zeigt vage in die Gegend. Als er mein Unverständnis sieht, fügt er hinzu: »An der Weide vom Harms links rein. Und dann sehen Sie schon.«

Aha. An der Weide vom Harms also links rein, und dann sehe ich schon. Klingt ja wirklich kinderleicht.

Aber: Wer bitte schön ist Harms – und wo ist seine Weide?

»Ich kenne die Weide vom Harms leider nicht«, sage ich.

Der Bauer legt die Stirn in Falten und grübelt. Ich bin sicher, dass er in Gedanken abzählt, am wievielten Feldweg ich abbiegen muss, als er schließlich sagt: »Die nächste links rein.«

Ich bedanke mich und fahre weiter, biege links ab, und tatsächlich: Ich »sehe schon«, denn nach ein paar hundert Metern entdecke ich etliche geparkte Autos.

Ich folge dem schmalen Weg durch ein Wäldchen und stoße bald auf eine Lichtung, auf der zwei große Zelte stehen. Einige Männer stellen gerade Biertische und -bänke auf, einer heizt einen riesigen Grill an.

Als ich auftauche, unterbrechen sie ihre Tätigkeit und sehen mir neugierig entgegen.

»Moin«, sage ich in die Runde. »Ich suche Geert.«

»Ah – die Krimischriftstellerin!«, ruft einer und feixt. »Sie wollen uns doch wohl nicht umbringen?«

Alle lachen, ich lache mit – wie schon gefühlte vierhundertmal zuvor, wenn mir diese Frage gestellt wurde.

»Nee – ich habe nur ein paar Fragen zum Angeln. Aber wer weiß, vielleicht kriege ich ja selbst auch Spaß daran. Gibt es bei Ihnen im Verein viele Frauen?«

Dröhnendes Gelächter.

»Klar – die bringen später den Kartoffelsalat!«

Wieder Gelächter.

»Auf jeden Fall haben Sie sich mit Geert den Richtigen ausgesucht«, sagt ein relativ junger Mann, als sich die allgemeine Heiterkeit wieder gelegt hat, »der weiß alles übers Angeln.«

»Da habe ich ja Glück gehabt«, erwidere ich. »Wo finde ich ihn denn wohl?«

»Sie können mit mir kommen«, bietet der junge Mann an. »Ich wollte sowieso gerade los, um mal zu gucken, ob die Jungs schon was gefangen haben. Immer mir nach.«

Leichter gesagt als getan. Im Stechschritt marschiert er durchs Unterholz, und ich habe alle Mühe dranzubleiben. Schließlich erreichen wir einen kleinen See, um den herum im Abstand von jeweils drei oder vier Metern Dutzende Männer stehen, die alle gleich aussehen. Karierte Flanellhemden, Hütchen, Westen mit tausend Taschen und dunkelgrüne Anglerhosen, wohin das Auge blickt.

»Wir müssen einmal ganz rum«, sagt mein Führer durch die rauhe Wildnis und zeigt quer über den See. »Geert steht da drüben.«

Natürlich. Wo auch sonst.

Auf einmal ist der See gar nicht mehr so klein, wie er mir anfangs schien. Unterwegs bleiben wir bei jedem einzelnen Angler stehen, und es entspinnt sich das immer gleiche Gespräch:

»Na, hat schon einer gebissen?«, fragt mein Begleiter.

Der Angler schüttelt den Kopf. »Noch nicht.«

»Ist ja noch früh am Tag.«

Der Angler sieht mich neugierig an.

»Das ist Geerts Krimischreiberin«, erklärt mein Begleiter.

»Na, Sie wollen mich doch wohl nicht umbringen?«, fragt der Angler prompt.

»Hahahahahaha!« (der Angler und mein Begleiter)

»Hahahahahaha!« (ich)

Dann geht es weiter zum nächsten.

Allerdings erfahre ich während der Wanderung um den See einiges über die Gepflogenheiten im Angelsport – und dass die Angler alles sehr ernst nehmen. Als ich dem hilfsbereiten jungen Mann kichernd erzähle, dass ich im Fernsehen eine Sendung entdeckt habe, die »Rute raus, der Spaß beginnt« heißt, sehe ich seinem Gesicht an, dass er keinen Schimmer hat, warum ich das derart komisch finde …

Endlich erreichen wir Geert. Mein Begleiter verabschiedet sich und setzt seine Wanderung um den See fort. Ich bin nicht sicher, ob Geert sich über meinen Besuch freut, denn er lässt seine Angelruten kaum aus den Augen.

Ich werfe vorsichtige Blicke in die diversen Behältnisse und Plastikdosen, die er um sich herum im Gras aufgebaut hat. In einer Dose wuseln Würmer munter vor sich hin. Trotz Geerts Hinweis auf die Haupternte seines Ackers, die Lebendköder, bin ich auf diesen Anblick nicht vorbereitet.
Ich stolpere einen Schritt zurück und quieke mädchenhaft: »Huch, die sind ja lebendig!«
Geert dreht sich zu mir um und sagt bedächtig: »Na, müssen sie wohl. Auf ein Stück Holz beißen die Fische nicht.«

So und ähnlich gestaltet sich der weitere Tag mit Geert – und überhaupt alle Unterhaltungen mit ihm. Alle halbe Stunde sagt mal einer was, wobei ich schon mindestens zehnmal so viel rede wie er, aber ganz locker.

Ab und an telefonieren wir noch miteinander – wenn ich eine Frage zum Angeln habe. Und immer, wenn ich im Garten einen Regenwurm sehe, denke ich an Geert und seine Lebendköder. Und daran, dass dieser kleine Wurm das Recht auf einen natürlichen Tod hat. Zwar wird er vielleicht von Hans, unserem Amselmann, gefressen, aber wenigstens muss er nicht vorher noch an einem Haken zappeln.

Kapitel 22

Das neue Schild am Parkplatz

oder
Ein unterhaltsamer Vormittag

Manchmal sagt meine Mutter: »Willst du denn niemals erwachsen werden?«, und dann seufzt sie einen dieser typischen mütterlich besorgten Seufzer, bei denen man beinahe ein schlechtes Gewissen bekommt – beinahe.
Sagen wir so: Wenn *erwachsen werden* bedeutet, dass ich keine bekloppten Ideen oder irrwitzigen Phantasien mehr haben darf, dann möchte ich tatsächlich immer irgendwie Kind bleiben. Oder wenn ich keine Streiche mehr spielen darf …

Anke und ich streifen gern über Flohmärkte, was manchmal damit endet, dass wir hinterher im Besitz irgendwelchen Blödsinns sind, den kein Mensch braucht (denn sonst würde er ja nicht auf dem Flohmarkt verhökert). Manchmal entdecken wir eine rostige Milchkanne oder ein Wagenrad – diese Dinge schleppen wir dann in den Garten und basteln sie zu dekorativen Objekten um. In einer Milchkanne kann etwas wachsen, ein Wagenrad kann idyllisch umrankt werden – so was in der Art. Irgendetwas fällt uns immer ein.

Ansonsten haben wir den Pakt geschlossen, uns gegenseitig zu stoppen, wenn wir auf etwas besonders Blödsinniges fliegen, so wie zum Beispiel das achtundvierzigste Beistelltischchen, das beim besten Willen weder in ihrer noch in meiner Wohnung Platz finden würde.

Eines Tages bleibe ich vor einem großen Schild stehen.

Parken nur eine Stunde mit Parkscheibe, heißt es darauf, *die Stadtverwaltung, Ordnungsamt.*

»Das will ich haben«, sage ich begeistert.

»Wozu?«, fragt Anke. »Willst du es an die Klotür nageln, um Endlossitzungen männlicher Besucher vorzubeugen?«

»Da habe ich eine viel bessere Idee«, gebe ich zurück und erzähle ihr von dem Plan, der sich angesichts des Schildes spontan in meinem Hirn manifestiert hat.

Eine Woche später.

Es ist Samstag, fünf Uhr früh.

In der grauen Morgendämmerung schleichen wir kichernd zum großen öffentlichen Parkplatz gegenüber von meiner Parzelle, bewaffnet mit einer kleinen Leiter, dem Schild und einer Rolle Draht. Nachdem wir das Schild an der Einfahrt zum Parkplatz an einer Laterne befestigt haben, verlassen wir die Kolonie wieder, ohne jemandem zu begegnen – was ein wichtiger Teil des Plans ist. Auf dem Wochenmarkt kaufen wir großzügig für ein opulentes Frühstück ein und fahren gegen acht mit unseren Fahrrädern zurück zum Schrebergarten. Wir frühstücken gemütlich auf der Terrasse – und dann kann's losgehen …

Es wird ganz dringend Zeit, dass ich mich mal wieder um den Rasen vor meinem Gartentor und die ihn umgebende Hecke kümmere – mein Anteil an der Gemeinschaftsarbeit –, also schleppen wir Rasenmäher, Heckenschere und allerlei weitere Utensilien nach vorne und nehmen erwartungsvoll unsere Logenplätze ein. Die ersten Laubenpieper trudeln traditionell ab halb zehn ein, und wir lassen uns bei dem, was wir tun, ganz viel Zeit. Hier mal ein Zweiglein abknipsen, dort mal ein Unkraut rupfen. Anke mäht im Schneckentempo den Rasen – sie wäre schneller, wenn sie sich mit einer Nagelschere auf den Bauch legen und Halm für Halm abschneiden würde.

»Wo bleiben die denn heute alle?«, meckert sie, nachdem sie zum zwölften Mal dieselbe Bahn gemäht hat.

Wie aufs Stichwort nähert sich ein Auto, biegt in den Parkplatz ein und kommt mit quietschenden Reifen zum Stehen. Der Fahrer starrt fassungslos das Schild an, ehe er zögernd seine Fahrt fortsetzt und den Wagen abstellt. Dann steigt er kopfschüttelnd aus, nähert sich dem Schild und studiert es ausgiebig. Als er zu uns herüberblickt, stürzen wir uns in hektische Aktivitäten und tun so, als wären wir schwer beschäftigt.

»Kommt er rüber?«, fragt Anke.

Der Rasenmäher ist so laut, dass der Mann sie unmöglich hören kann. Ich linse aus dem Augenwinkel zum Parkplatz. Er macht einen Schritt in unsere Richtung, bleibt stehen …

»Er überlegt noch … warte … ja, er kommt.« Eifrig schnippele ich sinnlos an der Hecke herum.

»Moin!«, ruft der Mann, den ich nur vom Sehen kenne, über den Radau des Mähers hinweg.

»Moin!«, zwitschern Anke und ich synchron.

Anke stellt den Mäher ab, ich lege die Heckenschere beiseite, und wir sehen ihn abwartend an.

»Äh, sagt mal …«, er zeigt zum Schild hinüber, »seit wann hängt das denn da?«

Mein Blick folgt seinem Fingerzeig, und ich sage: »Was ist das denn? Habe ich noch gar nicht bemerkt! Wir sind heute mit dem Rad da. Was steht denn da drauf?«

Der Mann schnauft empört. »Dass wir hier nur noch eine Stunde parken dürfen! Mit Parkscheibe! Steht hier demnächst ein Ticketautomat, oder was?«

»Das ist bestimmt ein Irrtum«, sagt Anke.

»Das kann doch nicht sein«, sage ich gleichzeitig.

»Die können mich mal«, verkündet der Mann. »Schönen Tag noch, die Damen.«

Er nickt uns zu und marschiert entschlossenen Schrittes von dannen.

Anke und ich grinsen uns an und klatschen ab.

Dann macht Anke eine tiefe Verbeugung vor mir, mit Kratzfuß. »Ein ganz vorzüglicher Plan, meine Liebe«, flötet sie.

»Vielen Dank, meine Liebe«, flöte ich zurück.

Jetzt treffen zwei Autos gleichzeitig ein. Die Insassen – zwei Ehepaare – springen aus ihren Wagen, versammeln sich vor dem Schild und diskutieren wild. Anke und ich setzen unverdrossen unsere Tätigkeit fort, da es zu auffällig wäre, sie zu unterbrechen und offensichtlich zu lauschen. Einer der Männer rüttelt an dem Schild, aber wir haben ganze Arbeit geleistet. Leider verstehen wir kein Wort von dem, was sie reden. Die gestenreiche Diskussion dauert ein paar Minuten, dann machen sie sich auf zu ihren Parzellen.

»Da kommen Heinz und Gerdi«, rufe ich Anke zu, »jetzt wird's spannend.«

Wir mähen und schnippeln uns unauffällig in Richtung Straße, um nichts zu verpassen.

Heinz biegt in den Parkplatz ein – Vollbremsung – Fassungslosigkeit – hochroter Kopf – Pantomime »Schimpftirade inklusive Vogelzeigen« – Gerdis Hand beruhigend auf seinem Arm.

Heinz parkt, steigt aus, knallt die Wagentür zu und kommt mit Riesenschritten in unsere Richtung, gefolgt von Gerdi. Wieder schaltet Anke den Mäher aus – wäre ja auch ziemlich unhöflich, ihn weiterröhren zu lassen, obwohl Heinz offensichtlich Redebedarf hat.

»Was ist das denn für ein Mist?«, brüllt er und deutet mit zitterndem Zeigefinger auf das Schild.

»Heinz, bitte«, fleht Gerdi.

»Hing heute Morgen plötzlich da«, sage ich.

»Das ist ja wohl …«, poltert Heinz, nestelt in seiner Jackentasche herum und zieht sein Handy heraus. »Da muss Fritz sich drum kümmern, aber sofort. Eine Stunde parken – ich glaub, ich spinne, so weit kommt das noch.«

Er wählt die Nummer des Großen Vorsitzenden und kommt ohne lange Vorrede zur Sache: »Moin, Fritz. Du musst sofort herkommen. Die haben von der Stadt hier so ein Schild angebracht. Nur eine Stunde parken, mit Parkscheibe!« Er lauscht einen Moment. »Wo wohl? Am Parkplatz! Bis gleich, ich warte hier.« Er beendet das Gespräch, steckt sein Handy weg und murmelt: »Kann doch wohl nicht angehen!«

Er marschiert zum Parkplatz zurück, denn soeben sind Christa und Herbert eingetroffen. Heinz und Herbert beginnen ein hitziges Gespräch, bei dem sie wild mit den Armen fuchteln. Christa kommt kopfschüttelnd zu uns rüber.

»Moin«, sagt sie, macht eine Kopfbewegung zu den Männern hin und grinst. »Wenn die beiden Platzhirsche sich nicht aufregen können …«

»Wollt ihr einen Kaffee?«, biete ich an.

Gerdi schüttelt den Kopf, aber Christa nimmt an. Ich gehe in meinen Garten, und Anke kommt mit, um ein paar Klappstühle für uns zu holen.

»Gott sei Dank müssen wir jetzt nicht mehr so tun, als würden wir arbeiten«, flüstert sie mir zu, als wir zu Gerdi und Christa zurückkehren. Mittlerweile ist auch die dritte im Bunde, Helga, aufgetaucht. Klaus, ihr Gatte, hat sich zu Heinz und Herbert gesellt und poltert mit ihnen um die Wette.

Anke stellt die Stühle im Halbkreis auf, und ich verteile Kaffee und Kekse. Wir setzen uns und sehen den Männern beim geselligen Aufregen zu.

»Logenplatz«, sagt Helga und kichert. »Heute ist nicht zufällig der erste April?«

»Wieso?«, frage ich unschuldig.

»Na, das mit dem Schild … das ist doch ein Scherz. Da hat sich einer einen Jux gemacht. Hundertprozentig. Und unsere Kerle gehen hoch wie Raketen. Garantiert sitzt irgendwo einer im Gebüsch und lacht sich tot.«

Anke und ich wechseln einen unauffälligen Blick. Helga ist ziemlich ausgeschlafen, sagt dieser Blick, und näher an der Wahrheit dran, als sie ahnt …

Christa nippt am Kaffee. »Meinst du?«

Nachdenkliches Nicken von Gerdi. »Helga hat recht, Christa. Überleg doch mal: Die Stadt stellt hier doch nicht so ein Schild auf! Alle Kolonien haben umsonstene Parkplätze!«

»Das war jemand, der genau weiß, wie gerne unsere Kerle sich aufregen«, sagt Helga feixend.

Ach, Helga, du wirst mir immer sympathischer …

Der Große Vorsitzende tritt auf. Und offensichtlich hat er Telefonkette gespielt, denn im Minutenabstand treffen weitere Mannen vom Vorstand oder mit sonstigen Funktionen ein, so auch Jens, der Blumenmann.

Ich schnappe schwer nach Luft, und Anke freut sich über die unerwartete Erweiterung des Ensembles.

Fritz stellt sich breitbeinig vor das Schild und stemmt die Fäuste in die Seiten. Die anderen Männer scharen sich erwartungsvoll um ihn, mein George Clooney steht etwas abseits und gähnt unverhohlen. Die Damen auf den Logenplätzen beugen sich interessiert vor.

»Jetzt bin ich ja mal gespannt«, murmelt Helga.

Am Parkplatz beginnt eine erregte Diskussion, alle sabbeln durcheinander, es wird hierhin und dorthin gezeigt, an die Stirn getippt und gegen die Stadtverwaltung im Allgemeinen und das Ordnungsamt im Besonderen gewettert.

»Mach was, Fritz«, fordert Heinz schließlich kategorisch. »Das können wir uns nicht gefallen lassen!«

»Da veräppelt uns doch einer«, konstatiert Fritz, »das wird abgemacht und fertig.«

Die Männer brummen und nicken zustimmend. Fritz ist eine Autorität und hat ein Machtwort gesprochen.

Im Gegensatz zu uns ist Herbert groß genug, um den Draht, mit dem das Schild befestigt ist, ohne Zuhilfenahme einer Leiter durchzuknipsen. Fritz wirft das Schild in seinen Kofferraum und knallt den Deckel zu, dass es nur so scheppert. Sekunden später ist die Show vorbei, und die Versammlung auf dem Parkplatz löst sich langsam auf. Gerdi, Christa und Helga bedanken sich für die nette Bewirtung und verabschieden sich.

Jens kommt zu Anke und mir rüber, während wir dabei sind, die Zuschauertribüne abzubauen. Nachdenklich guckt er mir dabei zu, wie ich die Kaffeetassen auf das Tablett zurückstelle.

Auf dem Teller ist noch ein letzter Keks, den ich ihm anbiete. Er schüttelt den Kopf und mustert mich forschend, während ich herzhaft in den Schokoladenkeks beiße.

»Du hast nicht zufällig mitgekriegt, wer das Schild aufgehängt hat?«, fragt er, als ich zu Ende gekaut habe.

Ich halte seinem Blick eisern stand. »Ich? Nö, wieso? Anke, hast du was mitgekriegt?«

»Ich?«, gibt Anke zurück. »Nee, wieso? Du?«

Sie schnappt sich die Klappstühle und lässt uns stehen.

»Ich weiß nicht, ich weiß nicht«, murmelt Jens und wiegt langsam den Kopf.

»*Was* weißt du nicht? Kann ich helfen?«, frage ich frech.

Er sieht mich an und grinst. »Weißt du, so eine Aktion würde ich euch beiden glatt zutrauen …«

Ich stelle mich doof. »Was für eine Aktion?«

Clooney verdreht die Augen. »Stell dich dumm, dann geht's dir gut, verstehe. Das wart doch ihr, das mit dem Schild, oder? Und dann habt ihr euch von hier aus alles angeguckt und euch königlich amüsiert. Ganz großes Kino am Samstagmorgen, 'ne leckere Tasse Kaffee dazu …« Er wirft einen Blick auf seine Armbanduhr. »Schade, ich muss los. Bis dann.«

Ja, schade.

Kapitel 23

Männersuche, die Siebte: Jack

oder
Lebenskünstler küsst man nicht …

Auf den ersten Blick macht Jack einen lustigen Eindruck, und Humor ist mir nun mal wichtig.

Auf den eingestellten Bildern trägt er Jeans, T-Shirts und ein Tuch um den Kopf, wie ein Pirat. Er sieht fast ein bisschen abgerissen aus. Sein Lebenslauf sei nicht gradlinig verlaufen und er habe viele verschiedene Dinge in seinem Leben gemacht, schreibt er. Perfekt, genauso könnte ich mich auch beschreiben.

Begeistert zerre ich Anke vor den Computer und präsentiere ihr den flippigen, unkonventionellen Jack und seine Mail an mich. Ihre Reaktion ist verhalten.

»Hm.«

»Was meinst du bitte schön mit *hm*? Ist er dir zu …«, ich suche nach Worten.

»Lass die Finger von dem«, sagt sie kategorisch.

»Was … wie bitte? Wieso das denn?« Jack sieht ein bisschen aus wie Johnny Depp als Jack Sparrow – was kann denn wohl daran verkehrt sein?

»Der nimmt nix ernst.«

»Na und?«

Sie stemmt die Hände in die Hüften und fixiert mich strafend. »Du möchtest nicht ernst genommen werden?«

»Äh … öh … doch, aber das ist doch was anderes. Wieso sollte er mich nicht ernst nehmen?«

»Weil er *nichts* ernst nimmt«, sagt sie langsam und überdeutlich, als spräche sie mit einem kleinen Kind.

»Wie kommst du denn darauf?«

Sie zeigt auf einen kleinen Satz in seiner Mail. *Ich würde mich als Lebenskünstler bezeichnen,* steht da.

»Und was ist so schlimm daran?«, will ich wissen.

»Er schnorrt sich durchs Leben. Alle sind blöde Spießer, nur er ist keiner. Er jobbt mal hier, mal da. Er wird schneller bei dir einziehen wollen, als du die Tür vor seiner Nase zuschlagen kannst.«

»Quatsch! Und das weißt du alles, nur weil er sich als Lebenskünstler bezeichnet?«

»Das ist nur ein anderes Wort für Schnorrer.«

Ich verschränke trotzig die Arme vor der Brust und schweige.

»Du willst ihm antworten?«, fragt Anke schließlich.

Ich nicke vehement. »Auf jeden Fall.«

»Na dann …«

Mehr ist ihr zu diesem Thema nicht zu entlocken.

Jack und ich schicken uns ein paar lustige Mails, dann führen wir ein paar lustige Gespräche am Telefon. Er hat eine schöne Stimme, wir haben einen ganz ähnlichen Musikgeschmack, wir lachen viel.

Als er hört, dass ich einen Schrebergarten habe, flippt er vor Begeisterung fast aus.

»Du, den würde ich unheimlich gern mal sehen! Wann passt es dir?«

Wir verabreden uns für den kommenden Samstag.

Als ich ihn am Bahnhof abhole, irritiert mich die Reisetasche – von Übernachten war eigentlich nicht die Rede gewesen.

Im Schrebergarten angekommen, breitet er ekstatisch die Arme aus und tanzt über den Rasen. Ich lasse ihn tanzen und koche Espresso – den habe ich jetzt dringend nötig. Nicht, dass Anke womöglich noch recht hat!

Als Jack damit fertig ist, sämtliche Bäume, Büsche und Blumen einzeln zu begrüßen und ihnen zu huldigen, setzt er sich zu mir und überschüttet mich mit Komplimenten. Er erkenne sofort meine wundervolle Seele, ich sei weich und freigebig, das spüre er. Das habe er im Übrigen schon meiner Stimme am Telefon angehört. Wir zwei, wir seien anders als die Spießer (!) um uns herum, die ihr Leben lang schuften, ohne es zu genießen. Er arbeite nur, wenn es unbedingt nötig sei (!!!), und den Rest hole er sich aus der Natur. Er sei auch keineswegs an seinen jetzigen Wohnsitz gebunden (!!!!!!), sagt er und sieht mir vielsagend in die Augen. Er brenne darauf, mit mir gemeinsam »Liebe zu atmen«, schwadroniert er unverdrossen weiter, wir seien auf jeden Fall Seelenverwandte …

Ich schwanke zwischen dem unstillbaren Drang zu lachen und schierem Entsetzen.

In Gedanken leiste ich Anke auf Knien Abbitte – aber wie werde ich ihn jetzt wieder los?

Mein Handy klingelt, und ich sehe auf dem Display, dass es Anke ist.

Jack runzelt die Stirn, aber ich nehme das Gespräch an.

»Na, wie ist es so mit Jack?«, fragt Anke.

»Was?«, rufe ich demonstrativ entsetzt aus. »Du bist im Krankenhaus? Natürlich komme ich sofort! Was ist passiert?«

Anke schüttet sich aus vor Lachen. »Da habe ich wohl genau im richtigen Moment angerufen! Dafür schuldest du mir was!«

»Oje – *beide* Arme? Kein Problem, ich nehme dich mit zu mir. Und da bleibst du, bis du wieder gesund bist, verstanden?«

»Nicht schlecht, meine Liebe«, prustet Anke, »dann sieh mal zu, dass du den Lebenskünstler zum Bahnhof schaffst. Wir sehen uns später, nehme ich an?«

»Auf jeden Fall, so schnell wie möglich. Bis gleich.«

Ich beende das Gespräch und sehe Jack betrübt an. »Du … meine beste Freundin hatte einen Unfall. Beide Arme gebrochen. Sie zieht jetzt erst mal zu mir, oder ich vielleicht auch zu ihr, mal sehen, sie ist ja allein völlig hilflos … Komm, ich bringe dich noch schnell zum Bahnhof.«

Er ist sichtlich verärgert. Das hatte er sich wohl anders vorgestellt. Vermutlich ist seine Reisetasche die Vorbotin des bereits fest eingeplanten Einzugs bei mir – und er hat noch immer nicht so ganz begriffen, was schiefgelaufen ist.

Vor dem Bahnhof setze ich ihn umstandslos ab. Seine Frage nach der nächsten Verabredung beantworte ich mit dem Klassiker »Ich melde mich bei dir«, was ich natürlich nicht vorhabe.

Er hinterlässt in den folgenden Tagen einige Nachrichten auf meinem Anrufbeantworter, bis er schließlich aufgibt.

Nie wieder reagiere ich auf jemanden, der sich als Lebenskünstler bezeichnet.

Kapitel 24

Hans, der Amselmann

oder
Mein persönlicher Serenadensänger

Als ich die Parzelle übernahm, hatten Fauna und Flora sich dort ein paar Jahre lang ungestört ausgebreitet. Ein Laubenpieper-Kollege von Kurt hatte einige Male im Jahr den Rasen gemäht und die Hecke vor dem Grundstück geschnitten, das war alles.

Davon zeugten nicht nur die Erdkröten, die wir in nicht unerheblicher Zahl ausbuddelten und die dann schlecht gelaunt das Weite suchten, sondern auch der Igel, der Kater aus der Nachbarschaft (der sich von unserem plötzlichen Auftauchen überaus irritiert zeigte) und diverse Vögel – allen voran das Amselmännchen, das wir auf den Namen Hans tauften.

Hans ist zweifelsfrei an einem grauen Fleck im Gefieder zu identifizieren, und mir wurde rasch klar, dass meine Parzelle zu seinem Territorium gehört. Zuerst beäugte er uns aus sicherer Entfernung, kam dann aber schnell zu dem Ergebnis, dass von uns keine Gefahr drohte. Seitdem ist ein Aufenthalt im Garten ohne Hans' Anwesenheit nicht vollständig.

»Hans schon gesehen?«, lautet traditionell meine erste Frage, wenn ich in den Garten komme und Anke bereits da ist. Wenn Hans mal auf sich warten lässt, machen wir uns sofort Sorgen und können erst aufatmen, wenn er endlich auftaucht.

Im Laufe der Zeit hat er eine Zutraulichkeit entwickelt, die schon beinahe an Arroganz grenzt. Wenn wir im Garten arbeiten, ist er stets mit kaum einem Meter Abstand in unserem Kielwasser unterwegs und sucht nach Nahrung. Amseln hüpfen mit erstaunlichem Tempo über den Boden und picken nach Käfern, kleinen Spinnen und ähnlichem Getier, und da wir ständig etwas umgraben und neue Beete anlegen, ist sein Tisch immer reichlich gedeckt.

Eines unserer ersten Projekte im Garten ist das schmale Beet entlang des gepflasterten Weges, der vom Gartentor auf die Parzelle führt. Um die Wahrheit zu sagen: Zu einem Beet wird es erst, als Anke die Ärmel hochkrempelt – ursprünglich gab es dort lediglich ein paar alte violette Astern und einige kleine Rosenstauden, die direkt aus dem Rasen zu wachsen schienen.
Gemeinsam tragen wir also die Grassoden ab, graben um und legen zur Rasenfläche hin eine schöne wellenförmige Begrenzung aus Natursteinen an, bevor wir einige robuste Pflanzen ins Beet setzen, von denen wir hoffen, dass sie den Winter überleben werden. Zu guter Letzt bedecken wir die Erde mit einer großzügigen Schicht Rindenmulch, der den Boden nicht nur feucht halten, sondern auch verhindern soll, dass sich allzu viel Unkraut breitmachen kann. Und es sieht hübsch aus, das kommt noch hinzu.
Rindenmulch besteht aus zerhäckselter Baumrinde, und ein netter Nebeneffekt besteht darin, dass sich dort viele Kleinstlebewesen ansiedeln, die auf Dauer die Fruchtbarkeit des Bodens erhöhen.

Langer Rede kurzer Sinn: Das Beet ist nach ein paar Tagen harter Arbeit endlich fertig und sieht superklasse aus.

Zur Feier des Tages haben wir den gepflasterten Weg ordentlich gefegt, und die beiden Gärtnerinnen stehen müde, aber stolz in der Abendsonne und bewundern ihr Werk – zu Recht!

Als ich am nächsten Morgen in den Garten komme, stockt mir der Atem: Der Weg ist übersät mit Rindenmulch, und das Beet sieht aus, als wären winzige Landminen darin explodiert oder als hätte sich eine Horde entfesselter Hühner auf Speed wild scharrend darin ausgetobt.

Ich stehe in der Küchenzeile meiner Laube und setze gerade Kaffee auf, als ich Anke kreischen höre: »Was ist denn hier passiert? Wer war das?«

Sie kommt in die Hütte gerauscht. »Hast du das gemacht?«

»Klar«, gebe ich zurück, »wir arbeiten uns den Hintern ab, und dann habe ich nichts Besseres zu tun, als den Mulch auf den Weg zu harken.«

»Aber wer war es dann?«

Wir gehen mit unseren Kaffeebechern nach draußen und überlegen. Könnte der Kater, der ab und zu durch den Garten stromert, das Beet vielleicht als Klo benutzt haben und beim Zuscharren seines Geschäfts …?

Nein, dann wäre nicht der komplette Weg bedeckt. Außerdem kackt er – wenn überhaupt – mitten auf den Rasen, um sein persönliches Jagdrevier (es gibt jede Menge Mäuse) zu markieren und andere Kater damit fernzuhalten.

Igel vielleicht?

Nein, auch nicht.

Aber wer dann? Kommen nachts irgendwelche Hooligans in unseren Garten, um dort ein bisschen herumzusauen?

Höchst unwahrscheinlich.

Plötzlich lässt uns ein ganz leises Geräusch aufmerksam werden: klack. Dann wieder: klack.

Anke stößt mich an. »Guck mal – Hans!«, flüstert sie und deutet ans andere Ende des Beetes.

Wir trauen unseren Augen kaum: Hans hüpft emsig zwischen den Pflanzen herum, pickt Mulchstückchen auf und wendet sie, um an der Unterseite nach Nahrung zu suchen. Findet er nichts zu fressen, schleudert er das Rindenstück mit einer schnellen Kopfbewegung beiseite – auf den Weg: klack – klack – klack – klack … Systematisch arbeitet er sich durch das Beet, während die Rindenstückchen nur so durch die Gegend fliegen und überall landen, nur nicht dort, wo sie eigentlich liegen sollten.

Uns bleibt – neben unserer Heiterkeit (denn wir verzeihen Hans natürlich ALLES!) – die Erkenntnis, dass nicht die Größe entscheidend dafür ist, wie viel Unordnung jemand verursachen kann.

Hans ist für uns ein ständiger Quell der Unterhaltung. Wir bilden uns ein, dass er uns absichtlich seine Fähigkeiten als geschickter Jäger demonstriert, während wir auf der Terrasse sitzen und ihn beobachten: Er hüpft über den Rasen, hält urplötzlich inne und fixiert starr einen Punkt auf dem Boden, bevor er blitzartig zustößt und einen Wurm aus der Erde zerrt. Danach stolziert er mit seiner Beute vor uns herum, bevor er sie entweder verschlingt oder davonfliegt, um sie an einen uns unbekannten Ort zu bringen. Hat er irgendwo einen klitzekleinen Kühlschrank, in dem er Würmer bunkert? Oder hat er ein Nest mit Ehefrau und Jungen, die er versorgt? Bei mir im Garten haben wir noch nie eines entdeckt.

Hans beeindruckt uns besonders mit seiner Fähigkeit, mit zwei sich heftig sträubenden Würmern im Schnabel noch einen dritten zu jagen – und natürlich zu erbeuten.

Und mit vollem Mund zwitschern kann er auch!

Amseln sind für ihre Fähigkeit bekannt, besonders hübsch zu singen. Hans zwitschert in unserer Gegenwart immer viel, aber zusätzlich erfreut er uns Abend für Abend mit einer Serenade: Immer gegen achtzehn Uhr setzt er sich hoch oben in die große Tanne und legt los – zum Weinen schön, das ist keine Übertreibung. So ein Abendkonzert kann bis zu einer halben Stunde dauern, und währenddessen zwitschert und singt er richtige kleine Melodien, die weit über das Zirpen und Tschilpen anderer Vögel hinausgehen.

So rührend die Vorstellung auch ist, dass Hans seine abendlichen Konzerte nur für Anke und mich gibt, die Wahrheit ist viel profaner: Es handelt sich dabei um sogenannten Reviergesang, mit dem die Amselmännchen eventuelle Konkurrenten auf Abstand halten.

Aber wer weiß – vielleicht singt er ja doch nur für uns, weil er in meinem Garten so schöne Würmer findet und so wunderbar durch Rindenmulch toben darf!

Kapitel 25

Der Name der Blume

oder
Harry, Alien, Johann, Äffchen und Hysteria

Um all den Botanikern rund um den Globus die Kommunikation untereinander zu erleichtern, haben Blumen lateinische Namen. Das, was wir als Gänseblümchen kennen, heißt unter Fachleuten *Bellis perennis* – und so wissen auch Botaniker in Japan, in der Schweiz (wo sie auch Margrittli, also kleine Margeriten, genannt werden) oder in Taka-Tuka-Land sofort, von welcher Pflanze die Rede ist.

Selbst bei uns in Deutschland gibt es für diese hübsche kleine Blume zahlreiche regionale Bezeichnungen: Tausendschön, Maßliebchen, Himmelsblume, Augenblümchen, Sommerröschen, Mondscheinblume und viele andere mehr.

Den lateinischen Namen bekam das Gänseblümchen von dem schwedischen Naturforscher Carl von Linné: *Bellis* steht für schön oder hübsch, *perennis* bedeutet ausdauernd, mehrjährig.

Alles schön und gut, aber was nützt mir das, wenn ich zwischen lateinisch beschrifteten Pflanzen durch den Gartenfachbetrieb meines Vertrauens irre, auf der Suche nach einem Immergrünen Geißblatt? Es ist früh im Jahr, und die angebotenen Pflanzen bestehen meist aus kahlen Zweigen mit allenfalls ein paar kümmerlichen Blattresten aus dem Vorjahr (falls sie dafür nicht sowieso zu jung sind). Ich habe das Geißblatt in einer Zeitschrift entdeckt – es ist eine schöne Kletterpflanze mit sehr hübschen Blüten, die auch im Winter grüne Blätter trägt. Die Blüten entwickeln sich später zu leicht giftigen Beeren, also wird der indische Pflanzengott mir vermutlich heute nicht empfehlen, Marmelade daraus zu kochen …

So ein Geißblatt will ich für den Garten, und zwar sofort. Dummerweise habe ich mich, bevor ich spontan losgefahren bin, nicht über den lateinischen Namen informiert.

In der Abteilung »Rankpflanzen / Fassadenbegrünung« stehe ich also nun ratlos vor einem Beet mit einem riesigen Angebot. Ich sehe jede Menge Clematis – die übrigens eine der wenigen Pflanzen ist, die meist bei ihrem lateinischen Namen genannt werden, wie mir bei der Gelegenheit auffällt (mit deutschem Namen heißt sie nämlich Waldrebe, was ich viel seltener höre). Aber ich will keine Clematis, die hat schließlich jeder. Ich will ein Geißblatt.

Endlich finde ich den indischen Gartengott und trage mein Begehr vor.

»Ah«, sagt er, »*Lonicera henryi.* Haben wir.«

Stimmt, haben sie. Hab ich auch in dem Beet gesehen, in seliger Unkenntnis der Tatsache, dass es sich dabei um die von mir heißbegehrte Pflanze handelt.

Der Inder geht mit mir zurück und zeigt auf ein paar kärgliche Etwasse, die wie Reisigbündel aussehen.

»Da. Geißblatt. Achtung, ist ein Schlinger, mittelstark wüchsig. Braucht am besten schön Halbschatten. Blätter rollen erst zusammen und fallen dann ab, wenn im Winter nicht genug Wasser. Kommen aber im Frühjahr wieder.«

Einmal mehr bin ich von seinen profunden Kenntnissen beeindruckt, nehme gleich zwei davon und ziehe glücklich von dannen.

Anke und ich haben nach und nach ein eigenes Namenssystem für die Pflanzen im Garten entwickelt.

Johann, meinen geliebten, traumhaft dekorativen Waldmeister, habe ich ja bereits erwähnt. Er breitet sich mehr und mehr aus, also scheint er sich in dem schattigen Beet unter dem Essigbaum wohl zu fühlen. Ich habe begonnen, Ableger an andere Stellen des Gartens zu pflanzen: unter den Rhododendron am Eingang zum Beispiel. Wenn er blüht und von der Sonne beschienen wird, strömt er den typischen Waldmeisterduft aus, was mich beinahe umgehauen hat, als ich es zum ersten Mal gerochen habe. Ich kann jedem nur empfehlen, Waldmeister zu pflanzen!

Dann gibt es noch »Hysteria«, in Wirklichkeit mein vergötterter Blauregen, botanisch *Wisteria*. Da die Straße, in der die »Desperate Housewives« leben, Wisteria Lane heißt und die Damen samt und sonders völlig hysterisch sind, war der Name für diese kapriziöse Schönheit schnell gefunden.

Auch Aliens gibt es in meinem Garten – in diesem Fall handelt es sich um ein Habichtskraut, das leuchtende, knallorangefarbene Blüten trägt. Ich wusste lange nicht, um welche Pflanze es sich dabei handelt, und nannte sie deshalb vorsorglich »Alienblume«. Diese Aliens tragen an einem sehr langen Stengel ein Büschel dicht gefüllter Blüten, die sich zu kleinen Knubbeln verschließen, sobald die Sonne nicht mehr darauf fällt. Dann sieht die Blüte aus wie ein extravaganter Schmuckknopf an der Strickjacke einer alten, exzentrischen Lady (oder an einem Kleidungsstück von Vivienne Westwood).

Die Kapuzinerkresse nennen wir »Äffchen«, weil sie so schön klettert, den Zierlauch wegen seiner kugelrunden lila Blüten »Mega-Pompom«, die vielen Funkien sind die »Los Blattos«, weil sie aus riesigen Blättern bestehen, und das Lungenkraut heißt schlicht »Innerei«.

Wenn ich Anke nach dem »Vogelfutter« frage, meine ich den Stand der Dinge an den beiden Sauerkirschbäumen, und für die in zahlreichen Varianten vorhandene Fetthenne kann es keinen anderen Namen geben als »Bertha«, weil die Hühner, die meine Mutter früher hielt, samt und sonders so hießen.

Die Ligusterhecke am Eingang wurde auf den Namen »Harry« getauft, weil Harry Potters Muggel-Zuhause im Ligusterweg liegt. Und Harry klingt auch viel netter als der botanische Name *Ligustrum vulgare* …

Kapitel 26

Männersuche, die Achte: Klaus

oder

Des Wahnsinns nackte Beute

Auch Klaus, siebenundfünfzig, Schreiner, schickt mir ein Schmunzeln.

Ich sehe mir sein Profil an, und er macht auf den ersten Blick den Eindruck eines Mannes, der mit beiden Beinen im Leben steht. Mal was anderes, denke ich.
Ich antworte freundlich, tue aber auch kund, dass ich diese Schmunzel-Dinger für eine zu unverbindliche Form der Kontaktaufnahme halte.

Klaus versteht das irgendwie falsch und hält mich für einen blutigen Neuling auf dem Portal. Er schickt mir folgende Antwort:

hallo Brenda, wünsche einen guten tag und schöne grüße. darf bei dir als anfänger noch ein bischen nachhilfe bei der partnerschaftssumme vermitteln. man schaut sich in ruhe die profilien der einzelnen bewerbern an. gefällt ein oder andere, die man als spätere partner oder parnerin aussucht hat, wird zuerst ein schmunzeln übermittelt ...

Die endlos lange Mail beschreibt minutiös und bis ins kleinste Detail, wie das Kennenlernen zwischen ihm und mir ablaufen könnte, würden wir uns an sämtliche möglichen Rituale und Optionen der Plattform halten. Schmunzeln hin, Schmunzeln her, »fünf Fragen« hin, »fünf Fragen« zurück und immer so weiter. Die Nachricht endet mit:

> ... *liegt an ihnen, wie sie auf mein profil abfahren.*
> *hoffe hier mit meiner lehrstunde etwas geholfen zu-*
> *haben. verbleibe mit lieben grüßen, Klaus.*

Okay ...
Ich stehe auf korrekte Rechtschreibung, das gebe ich zu. Aber ich finde seinen Eifer irgendwie rührend – und vielleicht ist er ja auch nur Legastheniker. Also teile ich ihm mit, dass er mich missverstanden hat: Ich sei kein Neuling, fände nur diese Schmunzelei irgendwie doof.
Seine Antwort kommt umgehend:

> *Hallo Brenda, wünsche eine guten abend. hab noch*
> *ein wenig Zeit gefunden, dir ein paar zeilen zu schrei-*
> *ben. stelle mich hiermit vor, bin seit etwa 7 Jahren,*
> *nach enttäuschender 16 j. Ehe, alleine. hab mich erst*
> *jetzt entschlossen, eine Beziehung bzw. Partnerschaft*
> *neu einzugehen. habe einen lieben Sohn, der nach*
> *gut abgeschlossen Lehre, jetzt die Fachoberschule be-*
> *sucht, und später wahrscheinlich studieren wird ...*

Weiter geht es mit seinem hochbetagten, pflegebedürftigen Vater, seinem Freundeskreis, seinem Motorrad, dass er viel

Sport treibt und sich geistig fit hält, seinem Sternzeichen –
und dass er ein »lustiger und geselliger Typ« ist. Nebenbei
weist er mich noch höflich darauf hin, dass ich damit, ihn
sofort zu duzen, einige Schritte übersprungen habe:

*... bei uns in Ostfriesland ist es Brauch, wird die An-
rede persönlich gewählt, so wird dies mit einen alko-
holischen Getränk angestoßen, die gegenseitigen glas-
führende Arme eingekettet, dann mit ein Bruderkuß
besiegelt. Holen wir bestimmt noch nach!?*

Huch! Unter der Fülle der Informationen gehe ich schier zu
Boden. Da packt aber einer alles auf den Tisch ... Und ich
weiß plötzlich ziemlich sicher, dass ich niemals mit Klaus die
»gegenseitigen glasführenden Arme einketten« werde, das
steht mal fest.
Es ist an der Zeit zurückzurudern. Ich lasse mir mit meiner
Antwort einige Tage Zeit, um damit schon mal ein Zeichen
zu setzen. Einfach verstummen will ich nicht, denn das finde
ich unhöflich. Dann schreibe ich ihm, dass ich momentan
sehr beschäftigt bin, eigentlich keine Zeit habe und ihm ein
schönes Osterfest wünsche. Und auch sonst alles Gute ...
Vielleicht schreckt ihn das ja ab, denke ich.

Falsch gedacht: Klaus hat Feuer gefangen.
(Haha, kleines Wortspiel, wie man am Auszug aus seiner
nächsten Nachricht sehen kann ...)

*... In der Nachbarschaft war, und auch wie jedes
Jahr, das größte Osterfeuer weit und breit. So gegen*

19.00 Uhr hörte ich die Feuerwehr, mit »Tüt-Tata«
bei mir in Nachbarschaft ein. War neugierig wie ich
bin, gefolgt. Am Sportplatz, zum Feuer, waren fast
die gesammten Bäume und Sträucher, vom Feuer be-
fallen ...

Wortreich beschreibt Klaus den Streit, den er – ganz auf-
rechter und empörter Bürger – mit dem Bürgermeister und
der Feuerwehr bekam, als er deren Kompetenz im Umgang
mit Osterfeuern anzweifelte.

... Bin danach abgehauen, konnte das Elend nicht
mehr sehen, und die guckten auch schon verägert.
macht mir gar nichts, bin vielleicht ins Fettnäpfchen
getreten, jedoch meine Meinung darf ich wohl an-
bringen, wenns passt ...

So geht es seitenlang weiter. Klaus wütet gegen den Bürger-
meister, seine Nachbarn, weitere Osterfeuer, die Feuerwehr.
Und dann noch einmal ausgiebig gegen den Bürgermeister.
Er beschließt seine Tirade mit den legendären Worten:

... wir Friesen werden immer so als Sturköpfe abge-
stempelt, vielleicht die alten, jedoch wir sind locker
drauf und treiben auch schon so manchen Spaß, sonst
wär doch manches langweilig.

Man möge mir verzeihen, aber die Selbsteinschätzung, »locker drauf« zu sein, passt nicht so ganz zur geschilderten
Eskalation am Osterfeuer ...

Allmählich wird Klaus mir ein wenig unheimlich.

Wieder antworte ich extrem unverbindlich und in sehr knappen Worten. Immer noch hoffe ich, dass ein Wink mit dem Zaunpfahl ausreicht – vergebens.

Ich darf zitieren:

> … *Haben jetzt 10 Nachrichten gegenseizig übermittelt, deshalb geb ich Dir jetzt meine Telefonnummer vom Handy = 017**********. können danach weiter reden, wenn es Dir gefällt. Liebe Grüße, Klaus. PS. und die andern Tel.-Nr. austauschen.*

Anke fällt vor Lachen buchstäblich von meinem Sofa, als sie das liest. »Und?«, kreischt sie. »Hat er deine Nummern schon? Habt ihr schon nett geplaudert?«

»Bist du verrückt? Nie im Leben!«, grolle ich. »Aber wie werde ich ihn wieder los?«

»Schreib ihm einfach nicht mehr.«

»Finde ich blöd.«

»Dann schreib ihm, dass er dich in Ruhe lassen soll.«

»Und wenn er sich nicht daran hält?«

Anke rollt genervt mit den Augen. »Dann reagierst du halt nicht mehr auf seine Nachrichten. Kann doch nicht so schwer sein.«

Mit meiner Antwort an Klaus warte ich zehn Tage. Dann teile ich ihm mit, dass ich zurzeit sehr viel Stress habe, mir nicht nach Gesellschaft ist und ich sehr viel Zeit für mich selbst brauche. Anke, die neben mir sitzt, versucht mich zu überreden, ihm verbal die Rote Karte zu zeigen.

»Der kapiert das sonst nicht, glaub mir! Der leidet an einer ganz speziellen Form von selektiver Wahrnehmung …«

Wie recht sie damit hat, lesen wir in seiner Antwort, die gefühlte zehn Minuten später eintrudelt:

> *Brenda, bei Dir liegt das Problem schon auf der Hand, denn Du gestaltest Dein Leben zu Einseitig, mußt mal raus, richtig was anderes sehn. das geht auf die Dauer nicht gut, wirst intolerant und unflexibel, sollst mal Sport machen, oder Urlaub machen und viel besser mal mit mir reden oder sogar uns treffen. ich würde dich wohl auf die Sprünge helfen, und würdest wirklich glücklich sein, halte keine leeren Versprechungen!*

Anke flippt derart aus, dass ich kurz davor bin, den Notarzt zu rufen, denn sie macht Geräusche, als würde sie jeden Moment ersticken.

»Er will dir auf die Sprünge helfen!«, ruft sie, als sie wieder zu Atem gekommen ist. »Und du würdest wirklich glücklich sein!«

Ich sitze mit gerunzelter Stirn vor dem Monitor, denn ich habe – im Gegensatz zu ihr – bereits weitergelesen.

»Das ist ja wohl …«, sage ich entgeistert, und sie schubst mich vom Laptop weg, um den Rest der Mail zu lesen:

> *… sonntag lag ich den ganzen nachmittag total Nackt auf meine Terrasse, schön eingecremt, wichtig, weil ich blond bin, und voll die schöne Sonne genossen.*

nun überdenke noch mal, mit dem telefonieren. bin
immer für Dich da. warte auf Dich, bis dann, mit lie-
ben Grüßen, Klaus.

Alarm! Alarm! Bilder im Kopf!

Wie kommt der Mann dazu, mir zu erzählen, dass er »total
nackt« und »schön eingecremt« auf seiner Terrasse in der
Sonne gelegen hat?
WÜRG!!!

Anke röchelt mittlerweile nur noch, während ich fassungslos den Kopf schüttele.
»Siehst du – das hast du jetzt von deiner dämlichen Höflich-
keit«, sagt sie schließlich. »Mir war nach seiner ersten Mail
klar, dass er nicht alle stramm hat. Wie der schon schreibt –
also wirklich!«
»Ich wollte einmal ohne Vorurteile an die Sache herangehen,
mich nicht von Rechtschreibfehlern oder der fehlenden Fähigkeit, verständlich zu formulieren, beeinflussen lassen …
Schließlich gibt es auch einfache Kerle, die total nett sind,
oder?«, erwidere ich bockig. »Sonst sagst du immer, ich soll
den arroganten Schreiberling nicht so raushängen lassen.«
»Stimmt ja auch, aber in diesem Fall … Ernsthaft: Hast du
irgendeine Vorstellung davon, wie ein Leben mit dem Kerl
aussehen würde? Ein Alptraum! Und schreib ihm, dass du
kein Interesse hast – und zwar in ganz klaren Worten. Und
ohne ihn zu beleidigen. Du kannst das. Du bist schließlich
Schriftstellerin.«

Das tue ich dann auch. Und höre glücklicherweise nie wieder etwas von Klaus, dem Schreiner.

Nach dieser Erfahrung habe ich jedenfalls erst einmal die Nase voll von der Partnersuche per Internet!

Kapitel 27

Der Blumenmann

oder

Einen Herzinfarkt kriegt man schneller, als man denkt

Eines schönen Tages im August steht er dann plötzlich bei mir im Garten. Unangekündigt natürlich. Aber wie hätte er sich auch ankündigen sollen?

Ich habe es Anke nie erzählt: In der vagen Hoffnung, den Clooney-Doppelgänger zu treffen, habe ich einige Versammlungen unseres Kleingärtnervereins besucht, auf denen kaum mehr passiert, als dass das Protokoll der vorherigen Sitzung verlesen und langwierig über so weltbewegende Dinge wie die Anschaffung eines neuen Lkw-Reifens für die Kinderschaukel vor dem Vereinsheim abgestimmt wird. Gähn. Ist exakt so spannend, wie es klingt.

Endlose Stunden habe ich so im Kreise anderer Parzellenbesitzer verbracht. Warum ich nicht einfach abgehauen bin, wenn ich festgestellt habe, dass Jens nicht da ist?

Dafür gibt es mehrere Gründe.

Erstens: Bei diesen Versammlungen sind höchstens zwanzig bis dreißig Leute anwesend. Eine überschaubare Anzahl also, und jeder, der zur Tür hereinkommt, wird von allen registriert. Großes Hallo und Begrüßung.

Zweitens: Wegen der unter »Erstens« beschriebenen Überschaubarkeit ist es völlig unmöglich, unauffällig wieder zu verschwinden, denn alle gucken dich an, wenn du mittendrin aufstehst. Natürlich wird nachgefragt: »Du willst gehen? Schade, warum musst du denn schon weg?« Darauf hat eine plausible Erklärung zu folgen, dann: großes Hallo und Verabschiedung. Das habe ich ein einziges Mal gemacht, und es war ziemlich peinlich, wie ich mit knallrotem Gesicht dastand und mir irgendeinen Quatsch ausgedacht habe, warum ich unbedingt losmuss.

Drittens: Es könnte ja sein, dass der Blumenmann zu spät kommt, und dann wäre ich schon weg und hätte die Chance verpasst, ihn zu treffen.

Viertens: Vielleicht gilt die Anwesenheit auf den Versammlungen ja bereits als »besonderer Einsatz«, und ich kann eine dieser ominösen Ehrennadeln ergattern ...

Fünftens: Eigentlich sind die Abende auch ganz lustig, weil sie einen tiefen Einblick in Deutschlands Vereinskultur gewähren. Wie sagt eine Kollegin von mir immer so schön: »Alles ist Rechercheland«, und ich bereise dieses Land gern. Wie dem auch sei: Anke weiß nichts von meinen heimlichen Exkursionen. Sie würde mich auslachen, todsicher.

Der Blumenmann steht also plötzlich in meinem Garten, und ich falle vor Schreck beinahe in die Rabatten. Das hat nicht ursächlich mit ihm zu tun – ich erschrecke mich immer fürchterlich, wenn ich in die Gartenarbeit vertieft bin und jemand steht plötzlich neben mir. Anke und ich betreten die Parzelle deshalb immer unter lautem Getöse und Begrüßungsgeschrei, wenn wir wissen, dass die andere dort ist.

»Du hast mich erschreckt!«, kann ich nur keuchen, während ich darum ringe, meine Fassung zurückzuerlangen.

»Du solltest vielleicht am Tor ein Glöckchen anbringen«, sagt er, »dann hörst du rechtzeitig, wenn sich jemand in deinen Garten schleicht. Einen Herzinfarkt kriegt man schneller, als man denkt.«

Ich nehme mir vor, seinen Rat zu beherzigen, sonst lande ich eines schönen Tages wirklich mal mit einem Infarkt zwischen den Erdbeeren …

Jens steht breitbeinig da und sieht sich um. »Das ist also der geheimnisvolle Naturgarten. Hat sich ja ganz schön was verändert.«

Stimmt – er war ja damals bei der Begehung dabei.

»Geheimnisvoll? Hier ist nix geheimnisvoll.«

»Hast du eine Ahnung! Es gibt ja nicht viele, die deinen Garten mit eigenen Augen gesehen haben, und der Rest spekuliert wild herum.«

»Verstehe ich nicht. Was gibt es denn da zu spekulieren? Sieh dich um: Blumen, Büsche, Gemüse – genau wie überall. Sieht vielleicht ein bisschen anders aus als in den meisten Parzellen, aber daran ist doch nichts Geheimnisvolles, oder?«

Er grinst. »Natürlich nicht. Aber wenn man Langeweile hat, denkt man sich die dollsten Dinge aus.«

»Zum Beispiel, dass ich hier eine Cannabis-Plantage habe, oder was?«

Jens brüllt vor Lachen und schlägt sich auf die Schenkel. »Das würde ich dir glatt zutrauen!«

Ach ja? Wie soll ich das denn bitte verstehen? Ich überlege kurz, ob ich beleidigt sein soll, entscheide mich aber dann doch dagegen.

Ich führe ihn herum und erkläre alles – vor allem auch, dass Anke diejenige ist, die hier am meisten geackert hat, während ich meist blöd danebenstehe und auf Anweisungen warte.

»Allein wäre ich hier völlig aufgeschmissen«, gestehe ich ihm. »Ich habe zwei linke Hände.«

»Dann musst du dir einen Kerl mit grünem Daumen suchen«, feixt er, hebt seinen rechten Daumen und wackelt damit.

Was du nicht sagst, Clooney. Soll das ein Wink mit dem Zaunpfahl sein?

Als Anke auftaucht, sitzen Jens und ich seit ein paar Minuten vor der Hütte, trinken Kaffee und amüsieren uns prächtig. Anke tut so, als wäre das die normalste Sache von der Welt, holt sich ein Getränk und gesellt sich zu uns.

»Hier kann man es aushalten«, sagt Jens plötzlich, »so schön ruhig. Ich beneide euch – ihr habt bei der Gestaltung viel mehr Freiheit als ich.«

»Wieso?«, fragt Anke.

Er zuckt mit den Schultern. »Meine Parzelle liegt mittendrin.«

»Na und?« Anke schüttelt verständnislos den Kopf. »Das heißt doch nicht, dass sie den Vorstellungen anderer entsprechen muss, oder?«

»Das ist nicht ganz so einfach …«

»Genau, schließlich bist du der Blumenmann«, werfe ich kühn ein, »und der muss einen Vorzeigegarten haben, nehme ich an.«

»Der Blumenmann?«, fragt er amüsiert zurück.

»Na, du hast doch bei der Begehung die Blumen und Pflanzen aufgelistet«, antworte ich. »Und dann waren noch der Wegemann und der Wassermann dabei.«

»Blumenmann – so hat mich noch keiner genannt. Ist ja witzig. Aber mit dem Vorzeigegarten hast du nicht ganz unrecht. An mich werden gewisse Erwartungen gestellt.«

»Kein Unkraut, so wie hier?«

»Genau«, sagt Anke, »und nicht so komische, unordentliche Weidenzäune, die frecherweise austreiben, wie sie wollen.«

»Na jaaa …«

Er windet sich verlegen. Wie auf Bestellung grölt Heavy Metal aus seiner Hosentasche, und er ist gerettet. Er telefoniert kurz und verabschiedet sich mit dem Versprechen, bald wieder vorbeizuschauen.

Wir warten, bis er todsicher außer Hörweite ist, bevor wir auch nur einen Pieps von uns geben.

»Und? Was hast du rausgefunden?«, fragt Anke neugierig.

»Nix. Dazu war keine Gelegenheit. Aber er findet den Garten schön.«

»Jeder, der kein kompletter Idiot ist, findet den Garten schön. Der Garten *ist* schön. Aber dass er so vor dem Vorstand kuscht, hätte ich nicht gedacht. Warum er wohl den Blumenjob macht? Hat er erzählt, was er sonst so beruflich …?«

Ich schüttele den Kopf und unterbreche sie. »Keinen Schimmer.«

Anke runzelt die Stirn. »Das müssen wir unbedingt rausfinden. Und seinen Beziehungsstatus auch, sonst hat dieses Elend ja nie ein Ende.«

Nun ist es nicht so, dass ich ständig an ihn denken und mich vor lauter Liebeskummer jede Nacht in den Schlaf heulen würde. Und immerhin treffe ich mich mit anderen Männern.

Aber Jens … er ist schon etwas Besonderes. Ich würde ihn jedenfalls nicht abweisen, das steht fest. Allerdings ist es immer blöd, sich in jemanden zu vergucken, und dann wird womöglich nichts draus … Also wiegele ich aus taktischen Gründen ab.

»Ehrlich – wenn ich ernsthaft interessiert wäre, würde ich mich ganz anders ins Zeug legen.«

»Ach – und wie? Gerdi ausquetschen? Dann ist das doch in Windeseile in der Kolonie rum! Nicht, dass ich ihr unterstelle, eine Tratschtante zu sein, aber ob sie es für sich behalten könnte, wenn du dich nach Jens erkundigst, bezweifle ich stark. Mist, wir hätten fragen sollen, wo seine Parzelle ist.«

Das habe ich natürlich getan, als ich ihm meinen Garten gezeigt habe, und Anke macht die Beckerfaust, als ich es ihr sage.

Kapitel 28

Dinge, die man überhaupt nicht wissen will

oder

Gerdi greift ein

Am nächsten Morgen machen wir uns in aller Frühe auf den Weg, um Jens' Garten zu begutachten. Es ist erst kurz nach acht, und um diese Zeit ist normalerweise noch kaum jemand in der Kolonie …

Wir mäandern über das Gelände: Heidelbeerweg, Erdbeerweg, Stachelbeerweg, am Vereinsheim vorbei, Nächste rechts, Zweite links … dann stehen wir vor der Parzelle.

Alles ziemlich adrett. Nicht so adrett wie bei Gerdi und Heinz drei Grundstücke weiter, aber doch recht ordentlich. Zu ordentlich für unseren Geschmack, wie wir uns mit einem schnellen Blicktausch gegenseitig signalisieren.

Das Grundstück wird von einer hüfthohen Ligusterhecke umrahmt, die über dem Gartentor einen Bogen bildet. Hübsch, sehr hübsch. Wir sehen ein Haus aus Stein, eine schicke überdachte Veranda mit schicken Möbeln, einen gemauerten Grill (natürlich!), Beete mit Gemüse, ein großes gläsernes Gewächshaus, Obstbäume, Beerensträucher. Der Rasen ist makellos, und Jens scheint ein Faible für Rosen in allen Variationen zu haben: Es gibt diverse Büsche, Hochstämmchen und zwei Rosenbögen mit Kletterern. Die Eckpfeiler der Veranda sind von Kletterpflanzen üppig umrankt: Blauregen und Clematis. Natürlich hat er auch ein Schattenbeet mit unterschiedlichen Funkien und Farnen angelegt. Außerdem gibt es sehr lauschige Ecken mit einladenden Sitzplätzen: eine Bank unter dem Laubdach einer Hängebirke zum Beispiel oder ein auf alte Ruine getrimmtes Stück Mauerecke mit einer kleinen gepflasterten Fläche, auf der vor einem zum Spiegel umgestalteten Sprossenfenster ein schmiedeeiserner Tisch mit zwei verschnörkelten Stühlen steht, umgeben von Terrakottatöpfen mit mediterraner Bepflanzung. Natürlich entdecken wir auch eine Kräuterspirale – überhaupt scheint es in dem Garten alles zu geben, was zurzeit angesagt ist, wie zum Beispiel der Spiegel an der Mauer.

»Was denkst du?«, fragt Anke.

»Ich weiß nicht … es gibt viele Dinge, die ich eigentlich schön finde, aber …«

»Es sieht aus wie die durchgestylte Fotostrecke in einer Gartenzeitschrift.«

»Genau! Daran erinnert es mich. Das muss eine Menge Zeit kosten.«

Anke stupst mich in die Seite. »Während du am liebsten die totale Wundertüte hättest: alles einfach wuchern lassen und mal schauen, was sich ansiedelt.«

»Weil ich das am schönsten finde.«

»Nein, weil du stinkfaul bist.«

Ich will gerade protestieren, als sich die Tür am Steinhaus öffnet und ein verschlafener George Clooney den Kopf herausstreckt.

»Ich dachte doch, dass ich was gehört habe. Wollt ihr einen

Kaffee? Jetzt bin ich sowieso wach. Kommt rein und setzt euch auf die Veranda. Oder seht euch um. Ich bin gleich bei euch.«

Spricht's und verschwindet wieder im Haus.

»Ich zisch ab, und du trinkst einen Kaffee mit ihm«, sagt Anke und will mich durch das Gartentor schubsen.

Nicht mit mir.

Ich klammere mich am Torpfosten fest und mache mich steif. »Kommt nicht in die Tüte«, flüstere ich, »ich geh da nicht alleine rein, du kommst mit.«

Ich versuche Anke hinter mir herzuziehen, und wir rangeln ein bisschen miteinander. Hoffentlich sieht er das nicht, denke ich, der hält uns für total bekloppt.

Endlich gibt Anke nach, und wir setzen uns in die ausladenden, modernen Möbel auf seiner Terrasse. Durch das auf Kippe stehende Fenster hören wir eine Kaffeemaschine röcheln und Jens fröhlich pfeifen.

Endlich taucht er wieder auf. Er trägt ein Tablett mit drei Kaffeebechern, Thermoskanne, Zucker und Milch, das er auf dem Tisch abstellt. Er gießt Kaffee ein, bevor er sich lässig in den noch freien Sessel fallen lässt.

»Und? Wie findet ihr meinen Garten?«, fragt er.

Typisch Mann, will als Erstes gelobt werden, denke ich, finde es aber auch irgendwie süß. »Schick.«

»Nett«, sagt Anke gleichzeitig.

»Dass ›nett‹ der kleine Bruder von ›scheiße‹ ist, wisst ihr vermutlich«, gibt er zurück. Sein Grinsen ist nicht ganz so strahlend wie gewohnt. Er wirkt ein wenig beleidigt.

»Dein Garten hat superschöne Ecken«, beeile ich mich, ihm zu versichern. »Das mit der Mauer finde ich klasse, und die

Hängebirke mit der Bank ist ein Traum. Die Kräuterspirale sieht echt professionell aus.«

»Soll ich euch eine bauen?«, fragt er.

Ich kichere innerlich. Vielleicht ein Wettbewerb mit Micky? Jens mauert eine Kräuterspirale, Micky einen Grill – und ich stehe grinsend daneben und profitiere schamlos davon.

»Vielen Dank, vielleicht komme ich irgendwann auf dein Angebot zurück.«

Ein paar Kräuter stehen auf meinem Gemüseacker, andere im Rondell des Bauerngartens. Ich finde es schön so.

»Ich meine nur – wenn ihr mal Hilfe braucht …«

»Du kannst uns bei dem Vordach für die Hütte helfen«, ruft Anke, bevor ich sie stoppen kann. »Dafür können wir männliche Hilfe gut gebrauchen.« Sie sieht sich im Garten um und fährt fort: »Machst du das alles hier alleine?«

Er nickt, während er Kaffee schlürft.

»Keine Familie?«, setzt Anke sofort nach, und ich zucke innerlich zusammen.

»Nö.«

Anke sieht ihn erstaunt an. »Hat dich bei Gerdis Party nicht deine Tochter angerufen?«

Irre ich mich, oder sieht er ein wenig schuldbewusst aus? Seine Stirn umwölkt sich kurz, dann sagt er: »Kinder ja, Familie nein. Oder besser: Ich bin nicht verheiratet.«

Kinder? Mehrzahl? Anke und ich werfen uns einen beredten Blick zu, der ihm entgeht, da er gerade Kaffee nachschenkt. So einer ist das also …

Tatsächlich wechselt er rasch das Thema und erzählt, wie er nach und nach seine Parzelle zu dem Schmuckstück ausgebaut hat, in dem wir gerade sitzen.

»Sicher, an der einen oder anderen Stelle dürfte es gern ein bisschen wilder sein, so wie bei euch, aber durch meine Position im Verein …«

Warum hat er diese Position denn dann, überlege ich, stelle die Frage aber nicht laut – so wichtig ist mir die Antwort nun auch nicht.

Nachdem er uns herumgeführt, uns alles erklärt hat und wir uns angemessen beeindruckt gezeigt haben, verabschieden wir uns mit dem Versprechen, ihm Bescheid zu sagen, wenn wir den Bau des Vordachs konkret in Angriff nehmen wollen.

Wir sind vielleicht eine Stunde zurück in meinem Garten, als Gerdi durchs Tor geflitzt kommt.

Ohne lange Vorrede legt sie los: »Ihr wart vorhin bei Jens.«

»Ja, wir haben uns seinen Garten angesehen und einen Kaffee getrunken. Warum?«

Sie sieht Anke an: »Du bist ja glücklich verheiratet …«, dann wendet sie sich mir zu: »Dir möchte ich einen Rat geben. Nimm dich vor ihm in Acht.«

Mir knallt vor Verblüffung die Kinnlade auf den Boden. Ich bin buchstäblich sprachlos, also fragt Anke: »Was meinst du, Gerdi?«

Sie sieht sich vorsichtig um und senkt die Stimme: »Er ist ein Schürzenjäger. Vor dem ist kein Rock sicher.«

Ach ja? Falls das stimmt, sollte ich vielleicht beleidigt sein, dass ich ihn mir bisher nicht gerade mit der Fliegenklatsche vom Leib halten musste …

Anke reißt die Augen weit auf. »Ist nicht wahr. Woher weißt du das?«

Wieder sieht Gerdi sich um, bevor sie flüstert: »Vier Kinder.«

»Na und?«, gibt Anke zurück.

»Von vier Frauen. Und mit keiner davon war er fest zusammen, geschweige denn verheiratet.«

»Du machst Witze.« Ich habe endlich meine Sprache wiedergefunden.

»Ich könnte euch Geschichten erzählen …«, raunt Gerdi und sieht uns mit hochgezogenen Augenbrauen an. Sie wartet eindeutig auf eine Ermunterung unsererseits, genau das zu tun.

Anke tut ihr den Gefallen: »Leg los. Und gern mit sämtlichen schmutzigen Details. Käffchen dazu, Gerdi?«

Natürlich nimmt sie das Angebot gern an – die Kehle will schließlich geschmiert werden.

»Also, der Jens …«, beginnt sie kurz darauf ihre große Enthüllungsgeschichte, und wir hören mit offenem Mund zu. Während sie erzählt, frage ich mich kurz, wie viel davon wohl der Wahrheit entspricht. Aber wenn auch nur die Hälfte stimmt, hat der Blumenmann immer noch dem einen oder anderen Laubenpieper-Kollegen gepflegte Hörner aufgesetzt!

Ich horche auf, als das Stichwort Internet fällt: »… und als wäre das noch nicht genug, ist er auch noch im Computer auf Singlebörsen oder wie das heißt unterwegs, sagt Linda. Linda hat übrigens eine Parzelle im Erdbeerweg, daher kennen wir uns. Die sucht nämlich einen Mann und ist dem Jens im Computer begegnet, weil er sie angeschrieben hat. Und weil sie sich dort einen anderen Namen gegeben hat – er natürlich auch –, haben sie zuerst nicht gemerkt, dass sie sich längst kennen. Und dann haben sie sich verabredet, in der Stadt in einem Café. Und dann steht da plötzlich der Jens!

Und das Peinliche daran war, dass die Linda früher schon mal was mit dem Jens hatte, und der hat sie damals nach Strich und Faden betrogen, stellt euch das mal vor …«

Was Gerdi noch so plappert, rauscht zum einen Ohr rein und zum anderen wieder raus, ohne hängenzubleiben, denn in meinem Kopf setzen sich gerade einige Puzzleteilchen zu einem vollständigen Bild zusammen. Gerdis Geschichten über ihn, die Tatsache, dass er im Computer auf Partnersuche ist, der Typ namens *Dr. Greenthumb* – und dann Jens, der mit dem Daumen wackelt und mir rät, einen Mann mit grünem Daumen zu suchen … das passt einfach zu gut. Ich bin baff.

Anke bemerkt meine Sprachlosigkeit und komplimentiert Gerdi diskret aus dem Garten, nachdem diese alle wichtigen Informationen losgeworden ist.

»Und? Wie geht es dir damit?«, fragt Anke, als sie sich wieder zu mir gesetzt hat.

»Ich bin gerade zu dem Schluss gekommen, dass Jens niemand anderer als *Dr. Greenthumb* ist. Und das ist ganz schön heftig.«

»Bist du sicher?«

»Wie könnte ich? Aber …«

»Es passt alles«, vervollständigt Anke meinen Satz.

»Genau. Und wenn es so ist, dann wusste er die ganze Zeit, mit wem er kommuniziert, und hat sich mir nicht zu erkennen gegeben … wow.«

»Stimmt – du hast ja Bilder auf deinem Profil! Harte Nummer, das. Willst du ihn …«

»Darauf ansprechen?«, unterbreche ich sie. »Keine Ahnung. Im Moment ist mir nicht danach, ihn zu sehen – und schon überhaupt nicht, mit ihm zu sprechen. Ich fühle mich irgendwie …«

Ich breche ab, suche nach Worten. Schwer zu sagen, wie ich mich fühle … beschämt? Verhöhnt?

Anke legt eine Hand auf meinen Arm. »Er hat die Situation ausgenutzt, dass du ihn nicht erkennen konntest. Und er hat dich wegen des Fotos belogen. Das ist demütigend. Du hast das Gefühl, dass er sich über dich lustig gemacht hat, richtig?«

»Ja. Das trifft es vielleicht am besten.«

»Kein Wunder, dass er plötzlich nichts mehr von sich hat hören lassen. Dieser Arsch. Und den fandest du richtig gut, das hat er nicht verdient.«

Ich zucke mit den Schultern. »Na ja, ich fand ihn scharf. Ist er ja auch. So richtig verliebt war ich nicht. Und seine Begeisterung hielt sich ja wohl in überschaubaren Grenzen. Immerhin hätte er jederzeit hier aufkreuzen können, um …«

Wieder verstumme ich.

»Um was zu tun?« Ankes Stimme klingt wütend. »Dich einzureihen in die offenbar endlose Liste seiner Eroberungen?«

Sie zuckt zusammen und sieht über meine Schulter in Richtung Gartentor. »Du wirst nicht glauben, wer da kommt«, flüstert sie, und ich weiß sofort, wen sie meint.

»Lass uns allein«, flüstere ich zurück, und sie nickt.

»Ich wollte mir mal die Baustelle für das Vordach ansehen«, sagt Jens. »Oder störe ich?«

»Ich will sowieso gerade los«, lügt Anke, ohne rot zu werden, und steht auf. »Ihr besprecht dann, was wir alles einkaufen müssen.«

Ich bin erstaunt, wie ruhig ich bin, als ich allein mit ihm zurückbleibe. Der Blumenmann ist plötzlich entzaubert und nur noch irgendein Kerl. Ich weiß, er kann mir nicht mehr gefährlich werden.

Ausgiebig untersucht er die Front meines Holzhäuschens, skizziert einen Bauplan, nimmt Messungen vor und schreibt mir eine Einkaufsliste.

»Das wird ganz einfach«, sagt er schließlich, »dafür brauchen wir einen Nachmittag, dann steht das Vordach. Wann ist es dir recht?«

Wir verabreden einen Termin, und er verabschiedet sich.

»Wir sehen uns dann«, sagt er und geht den Weg entlang zum Tor.

»Bis bald, *Dr. Greenthumb.*«

Ein Versuchsballon. Sollte ich mich irren, und er fragt mich, warum ich ihn so nenne, kann ich mich immer noch auf seine Bemerkung mit dem grünen Daumen berufen. Aber er erstarrt mitten im Schritt, dreht sich dann langsam um. Er sieht eindeutig schuldbewusst aus, und ich spüre einen kurzen Stich der Enttäuschung.

Er kommt wieder ein paar Schritte auf mich zu, hebt entschuldigend die Hände. »Du … ich … ich weiß nicht, was ich sagen soll.«

Ich winke ab. »Nichts. Alles bestens. Wir sehen uns am Samstag. Und dann kannst du mir mal zeigen, was du drauf hast, Blumenmann.«

»Blumenmann … ach ja, genau.« Er lächelt unsicher.

Ich muss lachen. »Schenke ich dir als *Nickname* fürs Internet. Normalerweise nehme ich für so was Geld, aber mir ist heute nach Freigebigkeit.«

Langsam entspannt er sich wieder. »Da bin ich aber froh, dass die Fürstin heute gute Laune hat.«

Ich verstehe gleich, was er meint: Er ist heilfroh, dass ich ihm nicht die Hölle heißmache. Und ich weiß auch schon, wie er sich dafür bedanken kann …

Der Samstag kommt, und Jens ist klug genug, diese Gelegenheit zu seiner Rehabilitation zu nutzen. Er zimmert uns ein Vordach, dass es nur so kracht – assistiert von Anke und mir. Wir reichen Nägel an, halten Balken fest und gucken ansonsten beeindruckt zu, wie er ackert und dabei ziemlich scharf aussieht. Tatsächlich dauert es nur ein paar Stunden, und anschließend sitzen wir geschützt – der Regen setzt wie bestellt ein, als wir gerade mit den Bauarbeiten fertig sind – vor der Hütte und feiern uns ausgiebig für unsere fantastische Leistung.

Der Blumenmann und ich haben nie wieder über unseren Internetflirt gesprochen. Heute sind wir beste Kumpel, und ich bin sicher, das ist viel besser, als wenn wir eine kurze Affäre gehabt hätten – mehr wäre vermutlich nie daraus geworden. Er hat schlicht andere Vorstellungen von einer Beziehung als ich; wo ich Verbindlichkeit suche, bevorzugt er Unverbindlichkeit, und das kann auf Dauer nicht gutgehen.

Epilog

Inzwischen befinden wir uns bereits mitten im zweiten Jahr, und der Schrebergarten ist immer noch Ankes und mein liebster Spielplatz. Er verändert sich ständig, weil wir ständig neue Ideen haben, die wir dann sofort umsetzen. Die Drainage haben wir noch immer nicht gelegt, denn wir wollen es noch einmal ohne versuchen – vielleicht haben wir ja Glück.

Zu unserer großen Begeisterung hat »Hysteria«, der Blauregen, die diesjährigen, abgeschwächten Eisheiligen unbeschadet überstanden und belohnt unsere Geduld und Zuwendung mit zauberhaften Blütendolden und einem dichten Blätterdach über der »Philosophenbank«, auf der Anke und ich noch immer gern mit einer Tasse Kaffee in der Morgensonne sitzen.

Während der letzten paar Wochen ist die Vegetation geradezu explodiert. Momentan sind – neben sattem Grün – verschiedene Pink- bis Lilatöne die dominierenden Farben im Garten. In diesem Spektrum leuchten die Blüten von Zierlauch, Storchschnabel, Rhododendron, Flieder, Akelei und Katzenminze – der Lavendel ist noch nicht so weit. In den kommenden Wochen werden viele weitere Farben dazukommen, und täglich werden alle Stauden und Blumen auf Knospen untersucht …

Bald steht die Pflasterung der Fläche unter dem Hüttenvordach an, und Jens hat uns fest versprochen, dabei zu helfen – falls er dann nicht mit einer neuen Lady beschäftigt ist, die seine ganze Zeit beansprucht.

Auch Gerdi, Christa und Helga kommen regelmäßig zum Kaffeeklatsch vorbei – natürlich niemals ohne Berge von selbstgebackenem Kuchen mitzubringen. Wir haben ihnen übrigens nie verraten, dass wir damals das Schild auf dem Parkplatz angebracht haben!

Ach so, obwohl das erotische Potential meines Kleingärtnervereins nicht ganz so groß war, wie es anfangs schien, war die Männersuche dann doch noch erfolgreich.

Aber das gehört nicht in dieses Buch …

Brenda Stumpf

Bratkartoffeln für Tina Turner

Meine wilden Jahre als Backstage-Köchin

1983, das Zeitalter der Föhnwelle hatte gerade begonnen. Brenda Stumpf war 23 und bekam das Angebot, in der angesagten Bochumer »Zeche« als Köchin zu arbeiten. Nichts und niemand hätte sie vorbereiten können auf das, was sie dort erwartete: exzentrische Musiker mit Essenswünschen, die einem das Blut in den Adern gefrieren lassen. Massenschlägereien, bei denen sich die Ordner in ihrer Küche mit Eisenpfannen bewaffneten. Aber sie wurde versöhnt durch Begegnungen mit allem, was damals in der Musikwelt Rang und Namen hatte: von Tina Turner, Joe Cocker über Depeche Mode und Herbert Grönemeyer bis zu den Toten Hosen. In ihrem Buch nimmt sie uns mit auf eine wilde Zeitreise in die achtziger Jahre.